Kontaktadresse nach EU-Produktsicherheitsverordnung:
produktsicherheit@fischerverlage.de

Rainald Grebe reist durch Deutschland und schreibt Lieder. Er besingt die Menschen dieses Landes, schaukelt mit ihnen auf der Hollywoodschaukel und schaut der Liebe hinterher. Sushi und Südseeträume, Kaffeebohnen und Annaberg-Buchholz – der Wanderer durch die deutsche Spaßgesellschaft sieht genau hin und fasst in Strophen, wie wir heute leben.

Dieses Gesangbuch versammelt alle Lieder Rainald Grebes aus seinen Programmen »Das Abschiedskonzert«, »Rainald Grebe & Die Kapelle der Versöhnung« und »Volksmusik«: Klassiker wie »Wortkarger Wolfram« und »Thüringen« sowie die legendäre Hymne »Brandenburg«.

Die Fotografien von Jess Jochimsen enthüllen den geheimen Zauber unseres Landes.

Grebe ist der »Dada-Rilke, der krumme Sachverhalte in gerade Verse gießt und den kürzesten Weg vom Banalen zum Blödsinn kennt und selbstverständlich auch retour. (…) Grebes Reime sind in der Tat sublimer Blödsinn mit wetterfester, tragischer Grundierung.«
Joachim Kronsbein, Der Spiegel

Rainald Grebe, geb. 1971 in Köln, studierte 1993–97 Puppenspiel an der Hochschule für Schauspielkunst »Ernst Busch« Berlin, 1999–2004 Schauspieler, Regisseur und Dramaturg am Theaterhaus Jena, seitdem arbeitet er als freischaffender Autor, Komiker, Liedersänger und Dramaturg. Er erhielt zahlreiche Auszeichnungen, unter anderem den Prix Pantheon 2003, den Deutschen Kleinkunstpreis 2006 und 2011 sowie den Deutschen Kabarett-Preis 2012.
Mehr unter: www.rainaldgrebe.de

Jess Jochimsen, 1970 in München geboren, lebt als Kabarettist, Autor und Fotograf in Freiburg. Nach zwei Erzählungsbänden veröffentlichte er 2005 den mittlerweile preisgekrönten Roman »Bellboy«. Im Herbst 2007 folgte sein Bildband »DanebenLeben. Ein fotografischer Streifzug durch die deutsche Tristesse«, »Was sollen die Leute denken« (2011), »Krieg ich schulfrei, wenn du stirbst? Geschichten von einem chaotischen Grundschüler und seinem Rabenvater« (2012) sowie zuletzt »Liebespaare bitte hier küssen. Eine fotografische Spurensuche im städtischen Hinterland« (2013).
Mehr unter: www.JessJochimsen.de

Unsere Adresse im Internet: www.fischerverlage.de

Rainald Grebe

Das grüne Herz Deutschlands

Mein Gesangbuch

Mit Fotos
von Jess Jochimsen

FISCHER Taschenbuch

3. Auflage

© 2024 S. Fischer Verlag GmbH,
Hedderichstr. 114, 60596 Frankfurt am Main
Die Nutzung unserer Werke für Text- und Data-Mining
im Sinne von § 44b UrhG behalten wir uns explizit vor.

Alle Fotos © Jess Jochimsen
Notenbearbeitung und -satz: Mark Scheibe, Berlin
Printed in Germany
ISBN 978-3-596-17536-9

Inhalt

Zum Geleit 7

Fahrtenlied 9

Heimatlieder 15

Generation Gelee 39

Arbeit und Soziales 67

Liebeslieder 117

Arme Menschen 149

Schnurren 185

Die Wellen rauschen 201

Unterm Firmament 213

Weihnachtslied 225

Lieder vor dem Ende 227

Zum Geleit

Liebe Freunde der Volksmusik,

mit dieser Fibel möchte ich allen Menschen eine Freude bereiten, die nicht wissen, was sie am Lagerfeuer oder am künstlichen Kamin zwitschern sollen, wenn das Halmaspiel gespielt und der Lambrusco schon zur Neige gegangen ist. Gotthilf Fischer sagte einmal: Böse Menschen haben keine Lieder, dann bring sie ihnen bei.

Seit Jahren schon durchstreune ich unser Land, zu Fuß, mit dem Automobil, mit Bus und Bahn, mit dem Tretboot und dem Containerschiff, und ich dachte immer, dieses Land möchte ich singen. *Hoch auf dem gelben Wagen* ist ein schönes Lied, ich aber fahre mit Neigetechnik im Raucherabteil eines ICE, die Zeitschrift vor mir heißt *mobil*, ich lese einen Artikel über Sabine Christiansen, die Leute schreien in ihre NokiaHandys, dass sie 30 Minuten Verspätung haben und dass Zugfahrn das Letzte ist, ich lese einen Artikel über Hartmut Mehdorn und den Börsengang der Bahn, die Orte draußen haben Namen: Bielefeld, Herford, Bad Oeynhausen, Hannover. Ist das alles wichtig? Diese ganzen Namen, diese Russischbrotbuchstaben, die morgen schon ganz anders sein können? Rollt der Wagen noch oder steht er die ganze Zeit? Und was ist mit dem Schwager vorn, sitzt da noch einer oder nur der Autopilot, und der arme Schwager ist entlassen worden? Ich weiß es nicht und schreibe ein Lied.

Dieses Notenbüchlein beinhaltet fast alle Lieder, die mir in den letzten Jahren zugestoßen sind und die ich in Stadien, Schauspielhäusern, Eckkneipen und unter der Dusche gesungen habe. Ich möchte Mark Scheibe und Jens-Karsten Stoll danken, die die Zumutung auf sich genommen haben, mein Gefasel und Gedudel in einfache, lesbare Kontur zu bringen.

Viele Lieder wurden transponiert, um dem Gitarrenfreund das Zupfen zu erleichtern. Denn die Gitarre ist das Klavier der Wiese und des Feldes.

Was den Vortrag anbelangt: Schaut selbst, wie die Lieder für euch am besten klingen, wo Pausen gemacht werden, wo leise und laut, wo rollende Augen oder geschlossene. Dichtet Strophen hinzu, erfindet Ausdruckstänze, macht damit, was ihr wollt!

Nun, ihr Sängerinnen, Sänger, Musikanten, lasst eurer Zunge freien Lauf, freundet euch an mit dem Endreim, auf dass die Sorgen des Alltags erst recht zum Vorschein kommen.

Mit musikalischem Gruß
von unterwegs

Rainald Grebe

P.S.: Ganz besonders winke ich meinem Kollegen Jess Jochimsen, der gerade in einem anderen ICE sitzt und wieder wunderschöne Fotos von öden Orten macht. Danke, Jess, für deine Schmuckstücke. Wir haben den schönsten Beruf der Welt und sehen viele aufregende Dinge.

Fahrtenlied

ICE

10 *Fahrtenlied*

Ich sitz im ICE seit so vielen Jahren,
draußen wird die Landschaft vorbeigefahren.
Und schon wieder fährt vorbei dieses Bielefeld,
das sieht immer noch so aus wie nicht bestellt.
Ja, wir fahrn, ja, wir fahrn, ja, wir fahrn, ja, wir fahrn ...
Ja, wir fahrn, ja, wir fahrn, ja, wir fahrn, ja, wir fahrn ...

Im Bistro sitzt einer vor seinem Bier,
der saß doch schon letzte Woche hier.
Das ist der Lokführer, und er heißt Horst,
letzte Woche wurde er outgesourct.
Ja, wir fahrn, ja, wir fahrn, ja, wir fahrn, ja, wir fahrn ...
Ja, wir fahrn, ja, wir fahrn, ja, wir fahrn, ja, wir fahrn ...

Im Zug ist eine Zeitschrift, die heißt mobil.
Das ist glatt gelogen, hier bewegt sich nicht viel.
Sabine Christiansen* macht die Welt nicht klarer,
die Wahrheit sagt dir jeder Taxifahrer.
Wir fahrn, fahrn, fahrn, fahrn, fahrn, fahrn ...
Fahrn, fahrn, fahrn, fahrn, fahrn, ja, wir fahrn ...

Das neue Jahr, das neue Jahr
ist jetzt schon so toll wie das alte war.
Vom Wackelelvis nen schönen Gruß,
alle Mädels ausm Osten haben Arschtattoos.
Ja, wir fahrn, ja, wir fahrn, ja, wir fahrn, ja, wir fahrn ...
Ja, wir fahrn, ja, wir fahrn, ja, wir fahrn, ja, wir fahrn ...

Alle schreien in die Handys, dass es jeder versteht.
Wir sitzen im Zug, und wir kommen zu spät.
Wo bleibt denn jetzt das Wachstum?, fragt der Liliputaner,
ich würd ja gerne, doch bei mir tut sich gar nichts.
Wir fahrn, ja, wir fahrn, ja, wir fahrn, ja, wir fahrn ...
Ja, wir fahrn, ja, wir fahrn, ja, wir fahrn, ja, wir fahrn ...

Im Zug ist eine Zeitschrift, die heißt mobil.
Das ist glatt gelogen, hier bewegt sich nicht viel.
Eine lange Pubertät kostet sehr viel Geld,
sagt Iggy Pop zu seinem Sauerstoffzelt.
Ja, wir fahrn ... Fahrn, fahrn, fahrn, fahrn, fahrn ...
Fahrn, fahrn, fahrn, fahrn, fahrn, ja, wir fahrn ...

Es ist immer noch dieselbe Geschichte.
Es ist immer noch dieselbe Welt.
Wir müssten doch längst in Hannover sein,
aber draußen ist noch immer dieses Bielefeld.
Ja, wir fahrn, wir fahrn, ja, wir fahrn,
ja, wir fahrn, ja, wir fahrn, ja, wir fahrn, ja, wir fahrn, ja, wir fahrn,
wir fahrn, ja, wir fahrn, ja, wir fahrn, ja, wir fahrn, ja, wir fahrn,
ja, wir fahrn, ja, wir fahrn.

---

* Christiansen, Sabine, geb. 1957, ursprünglich Flugbegleiterin bei der Lufthansa,
  dann Nachrichtensprecherin, danach moderierte sie den deutschen Stillstand
  in einer eigenen Sendung.

Heimatlieder

Brandenburg

Es gibt Länder, wo was los ist. Es gibt Länder, wo richtig was los ist. Und es gibt: Brandenburg. Brandenburg. In Brandenburg, in Brandenburg ist wieder jemand gegen einen Baum gegurkt. Was soll man auch machen mit siebzehn, achtzehn in Brandenburg? Es ist nicht alles Chanel, es ist meistens Schlecker. Kein Wunder, dass so viele von hier weggehn, aus Brandenburg. Da stehn drei Nazis auf dem Hügel und finden keinen zum Verprügeln in Brandenburg. Brandenburg, ich fühl mich heut so leer, ich fühl mich brandenburg. In Berlin bin ich einer von 3 Millionen, in Brandenburg kann ich bald al-

16 Heimatlieder

Es gibt Länder, wo was los ist.
Es gibt Länder, wo richtig was los ist.
Und es gibt: Brandenburg. Brandenburg.

In Brandenburg, in Brandenburg
ist wieder jemand gegen einen Baum gegurkt.
Was soll man auch machen mit 17, 18 in Brandenburg?
Es ist nicht alles Chanel, es ist meistens Schlecker.
Kein Wunder, dass so viele von hier weggehn,
aus Brandenburg.

Da stehn drei Nazis auf dem Hügel
und finden keinen zum Verprügeln in Brandenburg.
Brandenburg,
ich fühl mich heut so leer, ich fühl mich brandenburg.
In Berlin bin ich einer von 3 Millionen,
in Brandenburg kann ich bald alleine wohnen.
Brandenburg!
Im Adlon is Brad Pitt und der Washington Denzel,
im Autohaus in Schwedt is heut Achim Mentzel*.
Brandenburg!
Berlin! Halleluja, Berlin! Halleluja, Berlin!
Alle wollen dahin, deshalb will ich das auch!

In Brandenburg, in Brandenburg
is wieder jemand voll in die Allee gegurkt.
Was soll man auch machen mit 17, 18 in Brandenburg?
Es is nicht alles Lafayette, es is meistens Lidl.
Kein Wunder, dass der Bogen nicht mehr fiedelt
in Brandenburg.

Wenn man Bisamratten im Freibad sieht,
dann ist man im Naturschutzgebiet Mark Brandenburg.
Brandenburg,
ich fühl mich heut so ausgebrandenburg.

Brandenburg 19

In Berlin, da kann man so viel erleben,
in Brandenburg soll es wieder Wölfe geben.
Brandenburg!
Im Adlon ist heut Nacht Hillary Clinton,
in Schwedt kann Achim Mentzel das Autohaus nicht finden.
Brandenburg!
Berlin! Halleluja, Berlin! Halleluja, Berlin!
Alle wollen dahin, Berlin!
Halleluja, Berlin! Halleluja, Berlin!
Alle wollen dahin, deshalb will ich das auch!

Lassen Sie mich durch, ich bin Chirurg, ich muss nach Brandenburg!
Nimm dir Essen mit, wir fahrn nach Brandenburg!
Wenn man zur Ostsee will, muss man durch Brandenburg!

* Mentzel, Achim, geb. 1946, Tony Marshall des Ostens, schmerzfreie Stimmungskanone.

Thüringen

Zwischen Dänemark und Prag
liegt ein Land, das ich sehr mag.
Zwischen Belgien und Budapest liegt
Thü-hühühü-hühühü-hühühü-hühühü-hühühü-hühühü-hühüringen.
Das Land ohne Prominente.
Na gut, Heike Drechsler*, aber die könnte auch aus Weißrussland sein.

Thüringen, Thüringen, Thüringen
ist eines von den schwierigen Bundesländern,
denn es kennt ja keiner außerhalb von Thüringen.
Im Thüringer Wald, da essen sie noch Hunde
nach altem Rezept, zur winterkalten Stunde.
Denn der Weg zum nächsten Konsum ist so weit
zur Winterszeit, zur Winterszeit.

Thüringen, Thüringen, Thüringen:
Das grüne Herz Deutschlands.
Seit wann sind Herzen grün?
Grün vor Neid aufgrund Bedeutungslosigkeit,
grün vor Hoffnung, dass es lange Zeit so bleibt.
Thü-hühühü-hühühü-hühühü-hühühü-hühühü-hühühü-hühüringen.
Das Land ohne Prominente.
Na gut, Dagmar Schipanski,* aber die könnte auch in Sofia Professorin
für Hammerwurf sein.

Thüringen: Männer in roten Wandersocken ham hier Lieder gesungen.
Thüringen: Heike Drechsler ist hier so gern über 7 Meter gesprungen.
Thüringen: Goethe ist extra ausm Westen hergezogen.
Thüringen: David Bowie is auch schon einmal drübergeflogen.
Doch warum reduziert man unsere Größe auf Würste und Klöße?

Weil die Mamis hier so spitze sind, weil die Mamis hier so spitze sind.
Wenn die einmal Kartoffeln reiben,
möcht man gleich untern Rock und für immer da bleiben.
Und die Männer wollen im Stillen nur raus in den Garten und grillen.

---

* Drechsler, Heike, geb. 1964, Olympiasiegerin im Weitsprung 1992 und 2000, in ihrer aktiven Zeit war sie 1,81 m groß und wog 70 kg.
* Schipanski, Dagmar, geb. 1943, von 1999 bis 2004 Ministerin für Wissenschaft, Forschung und Kunst in Thüringen. War 1999 die Gesine Schwan von Johannes Rau.

Doreen aus Mecklenburg

Ich machte einst Urlaub in Mecklenburg.
In Mecklenburg, da wohnen die Mecklenburger.
In Mecklenburg, da wohnen noch Mecklenburger.
Willkommen im Land der 8000 Seen.
Genießen Sie diese Glitzerwelt! Auf nach Mecklenburg!
Hier kann man rudern, wandern und fürstlich schlemmen!
Das Bier von hier heißt Lübzer Lemon! Das ist Mecklenburg!
Dafür stehen wir: Ayurveda und Hartz 4!
Auf nach Mecklenburg-Vorpommern!

Und dann traf ich sie,
ich hatte sie gar nicht gesucht.
Ich hatte nur ein Wellnesswochenende gebucht.
Sie jobbte als Masseuse in einem Strandcafé.
Sie massierte mich sehr lange mit Sanddorngelee.

Sie war ein Kind ihres Landes.
Sie war wie ihr Land.
Wunderwunderschön,
aber arm wie eine Tüte Sand.
Doreen aus Mecklenburg, Doreen aus Mecklenburg:
Du hattest schwarze Strähnchen,
und deine Augen waren blau.
Doreen aus Mecklenburg, Doreen aus Mecklenburg,
Doreen: Du warst die schönste Perle aus MV.

Wir segelten auf der Müritz.
Ich genoss den Urlaub sehr.
Sie hatte noch einen Segelschein aus der DDR.
Sie sagte: Hier isses so öde,
meine Freunde sind alle schon weg.
Dann küssten wir uns lange auf dem Sonnendeck.

Sie war ein Kind ihres Landes.
Sie war wie ihr Land.

Wunderwunderschön,
aber arm wie eine Tüte Sand.
Doreen aus Mecklenburg, Doreen aus Mecklenburg:
Dein Lachen lässt die Sonne scheinen über Usedom.
Doreen aus Mecklenburg, Doreen aus Mecklenburg,
Doreen: Du warst die schönste Perle aus Meckpomm.

Der Urlaub war zu Ende,
da sagte sie zu mir:
Nimm mich mit in die große Stadt,
was soll ich denn noch hier?
Ich sagte: Ich versteh dich,
versuch's doch erst mal in Schwerin!
Dann stieg ich in mein Wohnmobil
und fuhr nach Berlin.

Sie war ein Kind ihres Landes.
Sie war wie ihr Land.
Wunderwunderschön,
aber arm wie eine Tüte Sand.
Doreen aus Mecklenburg, Doreen aus Mecklenburg:
Du hattest schwarze Strähnchen, und deine Augen waren blau.
Doreen aus Mecklenburg, Doreen aus Mecklenburg,
Doreen: Du warst die schönste Perle aus MV.

Dein Lachen lässt die Sonne scheinen über Usedom.
Doreen, bleib bitte da, bis ich wiederkomm!
Kommen Sie ins Land der Liebe! Auf nach Mecklenburg!
Lassen Sie die Seele baumeln in Mecklenburg!
Kommen Sie zu uns, die meisten von uns sind eh nicht mehr hier!
Drei Tage Rügen müssen genügen!
Schalten Sie einfach ab in Mecklenburg!
Wir schalten Sie ab in Mecklenburg!

Heimat

dre - sche auf die Gäu - le ein, es geht kei - nen Me - ter vor. Die
hal - tet die Ge - bäu - de!___ Dann_ kriegt ihr ei - nen Klaps von mir. Die
hal - tet die Ge - bäu - de!___ Ich__ trink so ger - ne Brannt - wein. Ich

kom - me gleich mit mei - ner Cess - na__ run - ter, ma - chen Sie bit - te ei - ne

Schnei - se frei. Das war mehr als Hand - werk, das war Zau - ber - ei!

Wir hatten den Blues auch ohne Whisky in der Hand,
das warn die Tage in Köln-Land.

Das Haar im Afro, vom Hals ab braungebrannt,
das warn die Mädels in Köln-Land.

Wir mähten den Rasen bis zur Garagenwand,
das warn die Tage in Köln...

Schäm dich für deine Heimat!
Schäm dich für dein Gebiet!
Tu alles, um dich zu verleugnen!
Tu alles, dass man dich nicht sieht!

Schaden der Heimat, Blötsch im Vaterland.
Der Stammbaum steht in Flammen,
und die Blätter sind verbrannt.

Die Väter verglühn in der Gartenlaube,
Funken sprühn im Trinkbenzin.
Alle sind in Urlaub, und die Heimat geht dahin.

Ich sitz in meiner Kutsche auf dem Brandenburger Tor,
dresche auf die Gäule ein, es geht keinen Meter vor.

Die Damen vom Denkmalschutz bringen mir einen Schnaps.
Erhaltet die Gebäude! Dann kriegt ihr einen Klaps von mir.

Die Damen vom Denkmalschutz streuen auf alles Kalksandstein.
Erhaltet die Gebäude! Ich trink so gerne Branntwein.

Ich komme gleich mit meiner Cessna runter,
machen Sie bitte eine Schneise frei.
Das war mehr als Handwerk, das war Zauberei!

Meine kleine Stadt

die Strophen machen hoppsassa

Es gibt nicht mehr vie - le, die sich er - in - nern.
Das Land mei - ner Ju - gend, es liegt in Trüm - mern. Hört ihr das
Wim - mern aus den Kin - der - zim - mern? Wir hat - ten
so ein san - so - sof - tes Zu - hau - se am En - de des letz - ten Jahr - tau - sends.
Die Wüs - ten - rot - son - ne brann - te heiß ü - ber der gan - zen Fuß - gän - ger - zo -
- ne. In den Eis - ca - fés gab es Eis - kaf - fees, auf der Sah - ne war ne
Kaf - fee - boh - ne. Die al - ten Tan - ten tru - gen Blu - men - kohl o - der Broc - co - li als Fri - sur.
So sa - ßen sie bei ih - rem Stamm - fri - seur und la - sen die Hör - zu. Ih - re
Män - ner tru - gen Bäu - che und Blou - sons in ge - deck - tem Beige.
Hand - ge - lenk - ta - schen mit Er - fri - schungs - tü - chern von Sie - ben - und - vier - zig - Elf.

34 Heimatlieder

Es gibt nicht mehr viele,
die sich erinnern.
Das Land meiner Jugend,
es liegt in Trümmern.
Hört ihr das Wimmern
aus den Kinderzimmern?
Wir hatten so ein sansosoftes Zuhause
am Ende des letzten Jahrtausends.

Die Wüstenrotsonne brannte heiß
über der ganzen Fußgängerzone.
In den Eiscafés gab es Eiskaffees,
auf der Sahne war ne Kaffeebohne.

Die alten Tanten trugen Blumenkohl
oder Broccoli als Frisur.
So saßen sie bei ihrem Stammfriseur
und lasen die Hörzu.

Ihre Männer trugen Bäuche
und Blousons in gedecktem Beige.
Handgelenktaschen mit Erfrischungstüchern
von 4711.

Männer trugen Tüten, Frauen trugen Tüten,
Kinder trugen Tüten, Tüten trugen Tüten,
alle trugen Tüten, auch die Kunden aus den Knoblauchgebieten.

In den Seitenstraßen standen Mokkablondinen
vor ihren schicken Boutiquen.
Bevor ich gar nichts mache, verkauf ich Ledergürtel,
wer will denn immer nur ficken, ficken?

In den Straßen flatterten Bausparverträge,
schau mal, da flattern sie!

Meine kleine Stadt

Ich liebte diese Stadt,
kann gar nicht sagen, wie!
Wie sie da steht: wie ein kleines, dickes Care-Paket!

Jeden Sonntag weihte der Bürgermeister
40 neue Fahrradständer ein.
Wo so ein Ständer steht, da ist Lebensqualität!
So ist das, und so soll das immer sein!

Vor dem Arbeitsamt hatte ein Künstler
aus London oder New York seinen Stahl abgestellt
und nicht wieder abgeholt.

Kultur war irgendwie nicht nötig,
wir hatten sie ja im Portemonnaie.

Gehn wir ins Freibad oder ins Kino
oder wieder ins Eiscafé?

Das Leben war so verkehrsberuhigt,
immer beruhigter mit den Jahren.
Ich schlief so gut in der Zone 30.
Scheiße, jetzt bin ich wieder über son Bobbel gefahren!

In den Straßen flatterten Bausparverträge,
schau mal, da flattern sie!
Ich liebte diese Stadt,
kann gar nicht sagen, wie!
Wie sie da steht: wie ein kleines, dickes Care-Paket!

Generation Gelee

Familie Gold

Die Tochter sitzt auf der Hollywoodschaukel,
der Sohn onaniert im Hobbykeller.
Gold, Gold, Gold.
Mutti tanzt in der Einbauküche,
Vati keschert Wespen aus dem Gartenteich.
Gold, Gold, Gold.
Familie Gold, Familie Gold,
Gold, Gold, Gold.

Die Tochter hat ein eigenes Pferd,
der Sohn trinkt heimlich Cola.
Gold, Gold, Gold.
Vati und Sohn baden zusammen,
Mutti macht ein Foto.
Gold, Gold, Gold.

Mein Sohn,
zerreiß nie das goldene Band!
Wir sind das Herz von Westdeutschland.

Familie Gold, Familie Gold,
Gott hat die Menschen so gewollt.
Familie Gold, Familie Gold,
Gott hat die Menschen so gewollt.
Und nie bekommen.
Die Erinnerung ist mir weggeschwommen.
Nur manchmal kommt eine leise Limousine in den Traum gerollt.
Es ging uns allen gold, es ging uns allen gold.

Unsre Eltern ham uns mit Hanuta beworfen,
unsre Nachbarn mit Nivea-Crème.
Es hat uns an nichts gefehlt,
aber genau das war das Problem.
Im Fernsehn war ein Mann mit einem goldenen Colt.
Es ging uns allen gold, es ging uns allen gold.

Familie Gold

Die Kinder sind aus dem Gröbsten raus,
Mutti malt Aquarelle.
Gold, Gold, Gold.
Mutti kämmt das Tochterhaar
nach dem Austauschjahr in Amerika.
Gold, Gold, Gold.

Familie Gold, Familie Gold,
Gold, Gold, Gold.
Die Tochter studiert irgendwas,
der Sohn meldet sich nur selten.
Gold, Gold, Gold.
Da sitzt das alte Elternpaar
und denkt, dass alles richtig war.
Gold, Gold, Gold.

Mein Sohn,
zerreiß nie das goldene Band!
Wir sind das Herz von Westdeutschland.
Familie Gold, Familie Gold,
Gott hat die Menschen so gewollt.
Familie Gold, Familie Gold,
Gott hat die Menschen so gewollt.
Und nie bekommen.
Die Erinnerung ist mir weggeschwommen.
Nur manchmal kommt eine leise Limousine in den Traum gerollt.
Es ging uns allen gold, es ging uns allen gold.

Unsre Eltern ham uns mit Hanuta beworfen,
unsre Nachbarn mit nimm2.
Es hat uns an nichts gefehlt,
aber genau das war das Problem dabei.
Im Fernsehn war ein Mann mit 100 000 Volt*.
Es ging uns allen gold, es ging uns allen gold.

Mein Sohn,
zerreiß nie das goldene Band!
Wir sind der Schmuck von Westdeutschland.
Zerreiß nie das goldene Band!
Wir sind der Stolz von Westdeutschland.
Zerreiß nie das goldene Band!
Wir sind das Herz von Westdeutschland.

* Bécaud, Gilbert, geb. 1927, französischer Chansonnier, wurde Monsieur 100 000 Volt genannt, Kettenraucher, starb 2001 an Lungenkrebs.

80er Jahre

80er Jahre, Jahre, Jahre, Jahre.
80er Jahre, Jahre, Jahre, Jahre.
Wo der Weiße Riese wohnt,
da war ich zu Haus.
Sah mittelmäßig,
aber sauber aus.
Sah sauber aus.

In der Fresse die Haare von Prinzessin Timotei.
Penetranter Adel!
Die Waschkraft mag ergiebig sein,
doch die Schönheit geht vorbei.

Und im Wald, da steht der schwarze Mann.
Der bietet Kindern seine Pommes an. Und Vanilleeis.
Ich bin ihm nie begegnet,
es hat immer nur geregnet.
Ich weiß nicht, es war alles weiß.

Links war alles Omo,
rechts war alles Perwoll.
Das waren die 80er Jahre,
die Tupperparty war wundervoll.
Aber das verpflichtet Sie doch zu rein gar nichts!
Hasch, hasch, hasch!
Wir können, wenn wir wollen, auf die Zeit nochmal unsere Hoden schaukeln.
Und wir würfeln einen Dreierpasch.

Kleine Klette Kindheit
hängt am Hosenbein.
Hakelt sich so feste feste,
Mutti ist die Allerbeste.
Wird sie immer sein,
wird sie immer sein.

Und in der Fresse die Haare von Prinzessin Timotei.
8x4 ist ein Deo.
Acht durch vier ist zwei.
Und die Schönheit geht vorbei.
Und im Wald, da ist die Clementine
in ihrer Waschmaschine
und kocht bei 90 Grad.
Ich bin ihr nie begegnet,
es hat immer nur geregnet.
Hoss Cartwright fällt vom Bonanzarad.

Links war alles Omo,
rechts war alles Rei.
Das waren die 80er Jahre.
Hoss Cartwrights Hut geht am Fenster vorbei.
Aber das verpflichtet Sie doch zu rein gar nichts!
Hasch, hasch, hasch!
Wir können, wenn wir wollen, auf die Zeit nochmal unsere Milch aufschäumen.
Und wir würfeln einen Dreierpasch.

80er Jahre waren eine
lange Wäscheleine.
Über den Hügel hin, über den Hügel hin.
Wir baden grad unsre Hände drin. Immer noch unsere Hände drin.

Dreißigjährige Pärchen

Dreißigjährige Pärchen

Klaus und Beate sind ein Paar.
Uschi und Dirk sind auch ein Paar.
Klaus, Beate, Uschi und Dirk sitzen da
und essen Sushi.
Die Sushi hat der Klaus ganz allein gemacht.
Kompliment, Klaus!

Reich mir mal den Rettich rüber, den Rettich rüber.
Reich mir mal den Rettich rüber, den Rettich rüber.

Klaus sagt: Sushi ist gar nicht schwer.
Das Erotische beim Kochen ist das Zubehör.
Meine Mörser sollten aus Keramik sein.
Meine Pfeffermühle ist so groß wie ein afrikanisches Männerbein.

Reich mir mal den Rettich rüber, den Rettich rüber.
Reich mir mal den Rettich rüber, den Rettich rüber.

Beate redet gern über Möbel
und sagt: Ikea kommt mir nicht ins Haus!
Bis auf den Tisch da, der is von Ikea,
der sieht aber nicht nach Ikea aus!
Respekt verdienen Menschen, die bei Ikea einkaufen,
ohne dass es nachher nach Ikea aussieht!
Klaus, Beate, Uschi und Dirk
sitzen da in ihrem Szenebezirk.
Klaus, Beate, Dirk und Uschi
sitzen da und essen Sushi.
30-jährige Pärchen, oho, oho.
30-jährige Pärchen, oho, oho.

Wir wollten nie wie unsere Eltern werden
und sind es ja auch nicht geworden.
Unsere Eltern sind ja älter
und ziemlich provinziell.

Dreißigjährige Pärchen

Roher Fisch auf kaltem Reis mit Algen
tun die doch in den Müll.

Reich mir mal den Rettich rüber, den Rettich rüber.
Reich mir mal den Rettich rüber, den Rettich rüber.

Dirk hat ein buntes Hemd an und war schon überall.
Er sagt Sätze wie: Asien is nicht mehr mein Fall.
Asien is total überlaufen.
Uschi sagt: Das, was der Dirk da sagt,
dass der Dirk doch damit Recht hat damit.
Der Dirk, der hat so viel erlebt, der sollte schreiben, der Dirk.
Klaus sagt nur: Wenn die Liebe geht, die Hobbys bleiben.

Reich mir mal den Rettich rüber, den Rettich rüber.
Reich mir mal den Rettich rüber, den Rettich rüber.

Dirk findet Uschi sehr öde, er hat sich dran gewöhnt.
Wann hab ich mich das letzte Mal nach dieser Frau gesehnt?
Wie lange wir wohl noch zusammen sind?
Na, wir machen Schluss oder ein Kind.
Dirk, Beate, Uschi und Klaus
gingen nie die Gesprächsthemen aus.
Von ihrer Kleinstadt bis hierher war es ein weiter Weg,
jeder ist so wertvoll wie ein kleines Steak.
30-jährige Pärchen, oho, oho.
30-jährige Pärchen, oho, oho.

Wir wollten nie wie unsre Eltern werden
und sind es ja auch nicht geworden.
Unsre Eltern sind ja älter
und ziemlich provinziell.
Roher Fisch auf kaltem Reis mit Algen
tun die doch in den Müll.

Irgendwann werden sie sterben,
wenn sie nicht schon gestorben sind.
Wir werden ihre Häuser erben,
aber keine neuen bauen.

Reich mir mal den Rettich rüber, den Rettich rüber.
Reich mir mal den Rettich rüber, den Rettich rüber.

Um halb eins warn sie betrunken
oder ham sich betrunken genug gefühlt
um zu gehn.
Danke für den schönen Abend!
Zum Abschied hat der Dirk auf der Pfeffermühle Luftgitarre gespielt.

Reich mir mal den Rettich rüber, den Rettich rüber.
Reich mir mal den Rettich rüber, den Rettich rüber.
Reich mir mal den Rettich rüber.

Dreißigjährige Pärchen

www.gelee.de

Die Concorde stürzt brennend in mein Sommerloch.
Ich wollt schon weinen, doch was bringt das noch?
Keiner spielt mehr Fußball mit der Blunadose.
An der Macht sind die Salz- und Pfefferhosen.
Es geht voran auf der Carrerabahn.

Frag die Fische im Aquarium:
Dürfen Doofe aufs Gymnasium?
Ich bin doch nur ein armer Kartoffelschäler.
Mein Biomüll sieht aus wie Elizabeth Taylor.
Es geht voran auf der Carrerabahn.

Und nur noch schalalalalalalalalalalalala,
schalalalalalalalalalalalala, schalalalalalalalalalalalala, tschin, tschin.
Wenn ich singe, fühl ich mich viel besser, als ich wirklich bin.
Fressen Sie Karotten, oder fressen Sie Schweine?
Meine Meinung dazu, ich brauch da keine!
Alle saufen nur noch Perrier unter www.gelee.de, www.gelee.de.

Eh man sich's versieht, steht ein Hirsch im Industriegebiet.
Jetzt steht der einfach da, wo er eben noch nicht da war.
Wie schnell das geht, wie schnell das alles geht!
Löffel mir den Kopf aus, ich werd blöd!
Meine Möbel kauf ich bei Esso, mein Diesel bei Ikea.
Im Urlaub war ich auf meiner Schreibtischplatte.
Das ist der einzige Ort, den ich noch verstehe außer www.gelee.de, www.gelee.de.

W W W, A B C D E, F G H I JOTT.
Wenn ich mir n Ei anhau, dann geht das Ei kapott.
Ein Ei fliegt um die Welt, wie hoch das fliegt, das Ei!
Wenn's nicht am Fernsehturm zerschellt, fliegt's am Fernsehturm vorbei.
Ich wünsch dir ein langes Eierleben, eine lange Eierei.
Mit 40 ist für den Eierpiloten die Eierkarriere vorbei.

Und nur noch schalalalalalalalalalalalala,
schalalalalalalalalalalalala, schalalalalalalalalalalalala, tschin, tschin.
Wenn ich singe, fühl ich mich viel besser, als ich wirklich bin.
Hunde in die Hütte oder an die Leine?
Meine Meinung dazu, ich brauch da keine!
Alle saufen nur noch Perrier unter www.gelee.de, www.gelee.de.

Beckenbauer

Ich wär jetzt gern in Nordkorea.
Ein System, das ich verstehe.
Einen Präsidenten, den wir hassen könnten.
All das wünsch ich mir,
doch ich sitze hier
und bin nicht da.

Ich fühl mich heut so, wie Franz Beckenbauer kocht.
Ich weiß gar nicht, wie der kocht.
Ich fühl mich heut so.
Ich fühl mich heut so, wie der Kaiser kocht.
Ich fühl mich heut so, wie der große Kaiser kocht.

Ich würde jetzt so gern Mike Tyson
provozieren und bescheißen.
Doch keiner beißt mir in mein Ohr
und hat es auch nicht vor.
Irgendwas läuft schief.
Ich bin aggressiv, und keiner merkt's.

Beckenbauer

Ich fühl mich heut so, wie Franz Beckenbauer kocht.
Ich weiß gar nicht, wie der kocht.
Ich fühl mich heut so.
Ich fühl mich heut so, wie der Kaiser kocht.
Ich fühl mich heut so, wie der große Kaiser kocht.
Kocht er nicht, kocht er doch, kocht er überhaupt?

Ich hätt jetzt gerne 20 Frauen,
die das merken und mir nicht mehr trauen.
Du bist so ein Arschloch!
Du bist so ein Arschloch!
Doch ich sitze hier,
und du bist bei mir, und es ist nett.

Ich fühl mich heut so, wie Franz Beckenbauer kocht.
Ich weiß gar nicht, wie der kocht.
Ich fühl mich heut so.
Ich fühl mich heut so, wie der Kaiser kocht.
Ich fühl mich heut so, wie der große Kaiser kocht.
Kocht er nicht, kocht er doch, kocht er überhaupt?

Arbeit und Soziales

Verkehr

Verkehr

Sehr geehrte Verkehrsteilnehmer!
Wir haben eine gute Nachricht!
Die Geschichte konnte nicht besser laufen!
Die Straßen sind jetzt frei!

55 Schweinetransporter fahren auf der A2.
Obst überholt Gemüse, Holz überholt die Milch.
Die Verpflegung von morgen, da fährt sie vorbei.
Und wir tanken beim Fahren.
Wir tanken beim Fahren.
55 Schweinetransporter fahren von A nach B.
Möbel und Marmelade, Öl und Coca-Cola.
Alle sagen ja, alle machen La Ola.
Und wir tanken beim Fahren.
Wir tanken beim Fahren.

Alle haben einen Termin,
und den halten alle ein.
Ich möchte auch so gerne
Verkehrsteilnehmer sein.

1000 Räder, wie sie rollen!
1000 Räder, wie sie rollen!
Wir haben so lange gewartet!
Wir haben so lange gewartet!
Und das Volk steht auf den Brücken und tut winken.
Winke, winke, winke, und wir winken gern zurück.
Es geht her, und es geht hin.
Es geht hin, und es geht her.
Von den Alpen bis zum Meer.
Alle freun sich wirklich sehr
über so viel Verkehr,
über so viel Verkehr.

55 Schweinetransporter fahren von ganz alleine.
Ich liebe die Möbel. Ich liebe das Holz. Ich liebe die Milch.
Ich liebe, liebe, liebe, liebe alle Schweine.
Und wir tanken beim Fahren.
Wir tanken beim Fahren.
55 Schweinetransporter fahren in den Applaus.
Ich bin die Möbel. Ich bin Milch. Ich bin Holz.
Ich springe von der Brücke. Ich halt's nicht aus.
Und wir tanken beim Fahren.
Wir tanken beim Fahren.

Ich möchte mich so gern bedanken.
Ich möchte sagen jajaja.
Das ist mir früher schwergefallen.
Heute ist das einfach da.

1000 Räder, wie sie rollen!
1000 Räder, wie sie rollen!
Wir haben so lange gewartet!
Wir haben so lange gewartet!
Und das Volk steht auf den Brücken und tut winken.
Winke, winke, winke, und wir winken gern zurück.
Es geht her, und es geht hin.
Es geht hin, und es geht her.
Von den Alpen bis zum Meer.
Alle freun sich wirklich sehr
über so viel Verkehr,
über so viel Verkehr.

Kaiser Wilhelm is vorbei.
Und der Adolf is vorbei.
68 is vorbei.
Hier spricht die Straßenmeisterei!

Und das Volk steht auf den Brücken und tut winken.
Winke, winke, winke, und wir winken gern zurück.
Es geht her, und es geht hin.
Es geht hin, und es geht her.
Von den Alpen bis zum Meer.
Alle freun sich wirklich sehr
über so viel Verkehr,
über so viel Verkehr.

Immer, immer mehr.
So viel Verkehr.
Mein Kopf ist endlich leer.
So schöner Verkehr.
Was will ich denn noch mehr?
So viel Verkehr.
Und das Volk steht auf den Brücken und tut winken.

Ich-AG

lo - a, a - lo - a. a - lo - a, a - lo - a - he!

Ich stehe morgens auf.
Ich falle aus dem Bett.
Ich putze mir die Zähne.
Ich gehe aufs Klosett.

Alles so wie immer,
dachte ich zuerst.
Alles so wie jeden Tag,
dachte ich zuerst.

Doch irgendwas ist anders heut.
Was kann das sein?
Irgendwas ist anders heut.
Ich fühl mich heut so geil.

Irgendwas ist anders heut.
Was kann das sein?
Versuch dich zu erinnern.
Dann fällt's dir wieder ein.

Ich hab ja keine Arbeit mehr.
Ich wurde ja entlassen.
Gestern hing der Himmel schief.
Nicht zu fassen.

Ich hör noch die Kollegen:
Wie bedauerlich.
Einer hat sogar geweint.
Ich glaub, das war ich.

Heute ist der Himmel blau,
denn ich bin allein.
Heute ist der Himmel blau,
ich fühl mich heut so geil.

Heute ist der Himmel blau,
wenn ich mir in die Augen schau,
wenn ich vor dem Spiegel steh
und mich so im Spiegel seh.

Endlich, endlich!
Endlich, endlich!
Endlich, endlich!
Ich bin eine Ich-AG.

Ein neuer Tag.
Ein neues Glück.
Die alte Zeit
kommt nicht mehr zurück.

Ich bin so schön.
Ich steh nur vorm Spiegel.
Ich bin so schön.
Ich steh nur vorm Spiegel.

Ich bin eine Ich-AG.
Ich sage immer: Ich.
Ich meine auch nichts anderes.
Ich meine immer mich.

Ich hab Südseeträume,
Südseeträume, Südseeträume.
Ich bin eine Ich-AG.
Ich bin eine Ich-AG.

Jeder Handgriff
ist pures Gold.
Ist alles mit Absicht.
Ist alles gewollt.

Ich wachse, wachse.
Ich bin eine Firma.
Ich wachse, wachse
wie Fernsehtürme.

Ich bin eine Ich-AG.
Ich sage immer: Ich.
Ich meine auch nichts anderes.
Ich meine immer mich.

Ich hab Südseeträume.
Blumen im Haar!
Südseeträume,
aloa-ha!
Südseeträume,
aloa-he!
Ich bin eine Ich-AG.
Ich bin eine Ich-AG.

Und wenn du was von mir willst,
klingel an der Tür!
Denn da steht mein Name dran.
Und dann sag es mir!

Wenn du dich verlieben willst,
ich hab wenig Zeit.
Wenn du dich verlieben willst,
ich geb dir dann Bescheid.

Ich bin eine Ich-AG.
Ich sage immer: Ich.
Ich meine auch nichts anderes.
Ich meine immer mich.

Ich hab Südseeträume.
Blumen im Haar!
Südseeträume,
aloa-ha!
Südseeträume,
aloa-he!
Ich bin eine Ich-AG.
Ich bin eine Ich-AG.

Ich bin eine Ich-AG.
Ich bin jetzt Bassist.
Ich wusste bis gestern
noch nicht, was das ist.

Und jetzt stehe ich hier,
und ich fühle mich wohl.
Ich glaub, ich bin das neue
Bassidol.

Irgendein Bassist
kriegt jetzt einen Schreck.
Ich nehme ihm gleich
seinen Arbeitsplatz weg.

Ja! Ich bin eine Ich-AG.
Ich sage immer: Ich.
Ich meine auch nichts anderes.
Ich meine immer mich.

Ich hab Südseeträume.
Blumen im Haar!
Südseeträume,
aloa-ha!
Südseeträume,
aloa-he!
Südseeträume.
Südseeträume.
Südseeträume,
aloa, aloa, aloa, aloa, aloa, aloa, aloa, aloa-he!

Castingallee

Castingallee, Castingallee.*
Wir alle, wir alle sitzen auf der Castingallee.

Ich sitze hier mit meinem Käsefrühstück.
Ich frühstücke bis um 4.
Ich bewege mich wenig, also eigentlich gar nicht.

Ich bewerbe mich hier.
Alle sagen: Ho, alle sagen: Hey.
Ich nuckel hier rum an meiner latte to stay.
Projekte, Projekte, Projekte, Projekte!
Lass dich entdecken, du Wurm!

Bimmel, bimmel, bammel,
die Bahn fährt vorbei.
Sie casten heute für RTL 2.
Hoffentlich kommt einer zu mir.
Ich bin doch da der Richtige für.
Und schon wieder nicht dabei,
wieder nicht dabei.

Castingallee, Castingallee,
geh ma rauf, geh ma runter,
geh ma runter, geh ma rauf.
Castingallee, Castingallee,
da war doch eben dieser, na,
komm jetzt nicht drauf,
na, dieser Schauspieler, Schauspieler,
das ist doch dieser Schauspieler, Schauspieler, Schauspieler,
na, dieser Schauspieler, Schauspieler!
Tu doch nich so! Tu doch nich so!

Eine Frau neben mir sagt: Ich will Sex.
Also, redet die mit mir, oder lernt die grade Text?
Ich hab mein Drehbuch im Auto gelassen, verdammt!

Ich war seit Wochen schon nicht mehr in meiner Wohnung.
Ich bin seit Wochen hier auf der Allee.
Mein Käsefrühstück is aus Bauschaum.
Mir tut der Popo weh.

Bimmel, bimmel, bammel,
die Bahn fährt vorbei.
Sie casten grade Hoden für RTL 2.
Hoffentlich kommt einer zu mir.
Ich bin doch da der Richtige für.
Und schon wieder nicht dabei,
wieder nicht dabei.

Castingallee, Castingallee.
Wir alle, wir alle sitzen auf der Castingallee.

Ich les mein Leben ab vom Teleprompter.
Ich bin ein Ü-Wagen auf 2 Beinen.
Der Kellner kommt und sagt: Also, deine Frisur
war heut begabter als du.

Bimmel, bimmel, bammel,
die Bahn fährt vorbei.
Sie casten noch mal, und ich bin dabei.
Was is 'n heute frisch im Angebot?
Sie casten grade Schultern für RTL 2.
Scheiße, ich war nur kurz aufm Klo!
Ich war doch nur ganz kurz aufm Klo!
Und schon wieder nicht dabei, wieder nicht dabei.

Castingallee, Castingallee,
geh ma rauf, geh ma runter,
geh ma runter, geh ma rauf.
Castingallee, Castingallee,
da war doch eben dieser, na,

88 *Arbeit und Soziales*

komm jetzt nicht drauf,
na, dieser Schauspieler, Schauspieler,
das ist doch dieser Schauspieler, Schauspieler, Schauspieler,
na, dieser Schauspieler, Schauspieler!
Tu doch nich so!
Tu doch nich so!
Na, dieser Schauspieler, Schauspieler,
das ist doch dieser Schauspieler, Schauspieler, Schauspieler,
na, dieser Schauspieler, Schauspieler!
Tu doch nich so!
Wollt ihr ewig frühstücken?

Castingallee, Castingallee.
Wir alle, wir alle sitzen auf der Castingallee.

---

* Die Castingallee liegt in Berlin-Mitte und heißt offiziell Kastanienallee. Hier leben laut Schufa die meisten freien, also arbeitslosen Schauspieler in ganz Europa.

Münzen und Scheine

fatalistisch

Paul war früher Grafiker in ner hippen Agentur. Er hing immer nur auf Vernissagen rum mit seiner hippen Oasis-frisur. Die Agentur war n hippes Fiasko, irgendwann war sie nicht mehr da. Der Paul hat das erst nicht so ernst genommen, weil der Ernst noch nie bei ihm klopfen war. Ich mein ja nur, also, was ich meine, der Paul sagt jetzt so allgemeine Sätze wie: Sozial ist man, wenn man sich das leisten kann. Münzen und Scheine, Münzen und Scheine, der Paul denkt nur noch an das Eine. Münzen und Scheine, Münzen und Scheine, der Rest kommt ja von ganz alleine. Alle wollen große Sprünge und ham nur so kurze Beine. Münzen und Scheine,

Arbeit und Soziales

Paul war früher Grafiker in ner hippen Agentur.
Er hing immer nur auf Vernissagen rum mit seiner hippen Oasisfrisur.
Die Agentur war n hippes Fiasko, irgendwann war sie nicht mehr da.
Der Paul hat das erst nicht so ernst genommen,
weil der Ernst noch nie bei ihm klopfen war.
Ich mein ja nur, also, was ich meine,
der Paul sagt jetzt so allgemeine
Sätze wie: Sozial ist man,
wenn man sich das leisten kann.

Münzen und Scheine, Münzen und Scheine,
der Paul denkt nur noch an das Eine.
Münzen und Scheine, Münzen und Scheine,
der Rest kommt ja von ganz alleine.
Alle wollen große Sprünge
und ham nur so kurze Beine.
Münzen und Scheine, Münzen und Scheine.

Paul fährt heute Pizzataxi, und er fährt bis abends spät.
Morgen muss er noch werbetexten für die neue Hoppelpoppeldichschlankdiät.
Übermorgen ist er Shampootester für Schwarzkopf und Schwarzkopf und Söhne.
Ich lebe in der finanziellen Pubertät, und ich hoffe noch, dass sie zu Ende geht.
Ich mein ja nur, also was ich meine,
der Paul sagt jetzt so allgemeine
Sätze wie: Im System der Schweine
denken alle nur noch an:

Münzen und Scheine, Münzen und Scheine,
der Paul denkt nur noch an das Eine.
Münzen und Scheine, Münzen und Scheine,
der Rest kommt ja von ganz alleine.
Alle wollen große Sprünge
und ham nur so kurze Beine.
Münzen und Scheine, Münzen und Scheine.

Paul saß früher auf ner Dachterrasse
mit ner Latte in der Hand.
Was ist denn nur mit den Leuten los?
Die sind so unentspannt.
Der Hintern seiner Putzfrau war so schön wie die Türkei.
Der wackelte so zart übers Laminat,
und sie hat zu ihm gesagt:
Schäm dich nicht für dein Geld!
Ach, schäm dich nicht für dein Geld,
du hast es dir verdient!

Münzen und Scheine, Münzen und Scheine,
der Paul denkt nur noch an das Eine.
Münzen und Scheine, Münzen und Scheine,
die hängen da an der Wäscheleine.
Münzen und Scheine, Münzen und Scheine,
er hatt' mal Ironie, heute hat er keine.
Münzen und Scheine, Münzen und Scheine,
ach Paul, locker bleiben!

Hallo Bangladesch, wir kommen.
Wir stehn schon mit einem Bein im Reisfeld.
Münzen und Scheine, Münzen und Scheine,
Armut setzt doch Kräfte frei, Paul!
Münzen und Scheine, Münzen und Scheine.

Akademikerinnen

schuldzuweisend

Die Familienministerin Ursula von der Leyen*
hat gesagt, auf einer Pressekonferenz,
sehr, sehr besorgt,
dass die deutschen Akademikerinnen
immer weniger Kinder kriegen wollen oder können.

Ich schaue aus dem Fenster,
was sehe ich denn da?
Da steht ein Wolf auf der Veranda
und sagt: Na, da bist du ja!
Aha, aha.

Ich gehe in den Garten,
was muss ich da sehn?
In meinem Garten steht ein brauner Bär
und sagt: Dein Garten ist sehr schön!
Aha, und er will nicht wieder gehn.

In meiner Küche liegt ein Auerochse
und sagt: Krieg keinen Schreck!
Du bist der letzte Mensch hier,
alle anderen sind weg.
Du willst jetzt sicher wissen,
wie ist das passiert?
Du hast sehr lange geschlafen,
jetzt bist du isoliert.

Schuld sind nur die deutschen Akademikerinnen,
die keine Kinder kriegen wolln oder können.
Schuld sind nur die Damen
mit Diplom und Staatsexamen.
Dumm fickt gut, das sagt sich so leicht,
aber es stimmt.

Schuld sind nur die deutschen Akademikerinnen,
die keine Kinder kriegen wolln oder können.
Sie haben ihr Diplom erworben,
das Volk ist dabei ausgestorben.
Wie starb das alte Rom?
Ja, man weiß es nicht, ja, man weiß es nicht.
Die Deutschen starben aus
durch Frauen mit Diplom.

---

* von der Leyen, Ursula Gertrud, geb. 1958, seit 2005 Bundesministerin für Familie, Senioren, Frauen und Jugend. Sie hat 7 Kinder mit dem Medizinprofessor Heiko von der Leyen.

Unterschiede

Frauen lesen die Gala.
Männer lesen AutoBild.
Frauen lesen immer die Gala.
Männer lesen immer AutoBild.

Es gibt noch Unterschiede. Juhu!

Frauen denken nur an ihre Haare.
Männern ist das meistens sehr egal.
Frauen denken nur: Haare, Haare.
Männern ist das so was von egal.

Es gibt noch Unterschiede. Juhu!

Frauen tun immer nur tratschen.
Stundenlang, bis die Lippe bricht.
Sie tratschen stundenlang über Fifis Flohprobleme.
Männer nicht.

Ich liebe die Unterschiede. Juhu! Hallo!
Ja, schön, ach, schön, dass es die noch gibt.
Ich dacht ja schon, es gäb gar keine mehr.
Oh, Unterschiede, ich hab mich grad ganz doll in euch verliebt.

Die Ossis sind faul und tun nur jammern.
Die Wessis frohlocken permanent.
Ossis sind auch viel schlechter angezogen.
Die sehn so scheiße aus!
Schön, dass man das immer noch erkennt.

Dafür gehn Ossis viel freizügiger mit ihrem Körper um.
Die ham damals ja Maßstäbe gesetzt beim FKK.
Überhaupt ham Ossis viel öfter rumgepimpert.
Mit 30 sind die meisten da schon Großpapa.

Ich liebe die Unterschiede. Juhu!
Ja, schön, ach, schön, dass es die noch gibt.
Ich dacht ja schon, es gäb gar keine mehr.
Oh, Unterschiede, ich hab mich grad ganz doll in euch verliebt.

Finnen sind depressive Trinker.
Finninnen auch.
In Finnland gibt's gar keine Unterschiede.
Achtung, Achtung, Reisewarnung, Reisewarnung!

In Finnland wird es nie richtig dunkel.
In Finnland ist die Nacht so wie der Tag.
Das Finnland, das sieht aus wie alter Kinderbrei.
Ich frag mich, wer dahin noch verreisen mag.

Ich liebe die Unterschiede. Juhu!
Ja, schön, ach, schön, dass es die noch gibt.
Ich dacht ja schon, es gäb gar keine mehr.
Oh, Unterschiede, ich hab mich grad ganz doll in euch verliebt.

Die CDU ist nur für die Wirtschaft.
Die SPD ist nur für den kleinen Mann.
Die CDU ist nur für die Wirtschaft.
Die SPD ist nur für den kleinen Mann.

CDU: Wirtschaft.
SPD: kleiner Mann.
Ich werd das jetzt so lange wiederholen,
bis man die endlich wieder unterscheiden kann.

Ich liebe die Unterschiede. Juhu!
Ja, schön, ach, schön, dass es die noch gibt.
Ich dacht ja schon, es gäb gar keine mehr.
Oh, Unterschiede, ich hab mich grad ganz doll in euch verliebt.

Theater

Gu - ter Traum, gu - ter Traum! Vom Rein - hardt und vom leer - en Raum.

Theater, Theater, der Lappen geht hoch.
Rein in die Zauberwelt!
Die Bretter, die Bretter bedeuten die Welt
und das Himmelszelt!
Ich schmink mich, ich schmink mich, ich schmink mich!
Spieglein, Spieglein, Spieglein!
Verwandlung! Verwandlung! Verwandlung!
Heute bin ich König, morgen Bettelmann.
Dem wahren Mimen sieht man nie sein wahres Alter an.
Und dann fällt das Licht auf mich.
Ich bin der Stern für diesen Augenblick.
Ich spiel mich frei.
Kunst ist mehr als Handwerk,
Kunst ist Zauberei.
Warum, warum, warum
ist die schöne Zeit vorbei?
Denn der Feind wäscht am Samstagabend Autos
oder geht ins Kino.
Der Feind spielt lieber am Computer
oder im Casino Autoscooter.
Ja, die Räume für Kultur werden eng.
Die Oberschicht, die Oberschicht,
man sieht sie einfach nicht.
Die jungen Fräuleins studieren alle Biochemie.
Also sieht man sie, also sieht man sie?
Nein, nein, man sieht sie nie!
Die Türken wollen auch keine Einakter sehn von der Jelinek*.
Die Türken wollen nur gebrauchte Autos kaufen oder gleich klaun.

Alles gab ich her.
Vergangenheit war schön.
Gegenwart fällt schwer.
Jeder weiß doch, wie ich heiße.
Und lacht mit, wenn ich Kantinenwitze reiße.
Ich bin seit 30 Jahren hier.
Mach mir noch ein Schüttelbier!
Ich kenne meinen Text, ich kenne meinen Arm.
Ich kenne meinen Untertext, ich kenne meinen Unterarm.
Ich bin unkündbarer Frauenschwarm, unkündbarer Frauenschwarm.
Dieses Brett bedeutet mir so viel.
An diesem Brett hängt mein ganzes Spiel.
Johannes Heesters* steht auf diesem Brett.
Wenn er tot ist, nimmt er's sicher mit.
Auf die Reise in die Stille,
durch den Schornstein der Fabrik.
Hinterher fliegen Menschen mit Brille.
Hinterher fliegt ein trauriges Tablett.
Als Max Reinhardt* vor dem Spiegel onanierte,
hatte er einen feuchten Traum.
Er träumte hinein in die Zukunft.
Er träumte von einem leeren Raum.
Guter Traum, guter Traum!
Vom Reinhardt und vom leeren Raum.
Guter Traum, guter Traum!
Vom Reinhardt und vom leeren Raum.

---

* Jelinek, Elfriede, geb. 1946, Österreicherin, 2004 Literaturnobelpreis für »den musikalischen Fluss von Stimmen und Gegenstimmen in Romanen und Dramen, die mit einzigartiger sprachlicher Leidenschaft die Absurditäten und zwingende Macht der sozialen Klischees enthüllen.«
* Heesters, Johannes, geb. 1903, gest. ???, der älteste aktive Schauspieler weltweit.
* Reinhardt, Max, 1873-1943, Regisseur und Intendant, von ihm stammt der Satz: »Ich glaube an die Unsterblichkeit des Theaters. Es ist der seligste Schlupfwinkel für diejenigen, die ihre Kindheit in die Tasche gesteckt und sich damit auf und davon gemacht haben, um bis an ihr Lebensende weiterzuspielen.«

Guido Knopp

Guido Knopp* ist ein Historiker.
Seine Worte sind Gesetz.
Wer ihn kennt, der weiß das.
Wer nicht, der weiß es jetzt.
Er heißt Knopp. Doktor Guido Knopp.

Er wohnt im deutschen Fernsehn.
Er wurde dort geboren.
In einer WG mit Adolf Hitler
und anderen Senioren.
Er heißt Knopp. Doktor Guido Knopp.

Die Geschichte hab ich griffbereit wie eine Tafel Schokolade.
Ich zieh sie aus der Tasche, wenn ich Hunger auf sie habe.
Jamjamjam, das schmeckt so gut.
Ich wusste gar nicht, wie gut das tut.
Nicht alles auf einmal, dazu ist sie zu schade...

Er ist mein Gedächtnis.
Was ich weiß, hab ich von ihm.
Er kann so schön erzählen.
So finster und intim.
Das ist Knopp. Doktor Guido Knopp.

Hitlers Helfer, Hitlers Frauen,
Hitlers letzte Sekretärin,
Hitlers Hund trifft am Gartenzaun
Hitlers Kieferorthopädin.
Knopp. Einer muss es ja machen...

Geschichte ist so geil, ich wär so gern dabei gewesen.
Guido kennt sie alle, die Guten und die Bösen.
Er sieht aus wie ein dunkler Friseur,
doch er ist Historiker.
Ich will's immer wieder anschaun und nix mehr drüber lesen.

Ich sitz vor der Geschichte,
es ist irgendwie nicht meine.
Manchmal denk ich,
ich hätte selber keine.
Bitte Guido, bitte, bitte,
ich hätt so gerne eine.
Eine von Knopp. Doktor Guido Knopp.

Geschichte ist so geil, ich wär so gern dabei gewesen.
Guido kennt sie alle, die Guten und die Bösen.
Er sieht aus wie ein dunkler Friseur,
doch er ist Historiker.
Ich will's immer wieder anschaun und nix mehr drüber lesen.

* Knopp, Guido, geb. 1948, Global Player im Bereich Historytainment.

Hans Eichel

Die Eichel von Hans Eichel*
war früher voller Speichel.
Doch das war vor langer Zeit.
Heute sparn wir Feuchtigkeit.

Sparen geht uns alle an.

Hans Eichel hat drei Töchter,
die spielen gern im Garten.
Die Töchter heißen alle Hans,
das spart Visitenkarten.

Sparen geht uns alle an.
In unserm Portemonnaie ist ein Loch.
Jeder ist mit Sparen dran.
Ich nicht, spar du doch!

Oh Hans, Hans, König Superspar.
Unser Superstar.
Zeit für Genießer.
Armut setzt Kräfte frei.
Ah!
Hallo Bangladesch, wir kommen.
Wir stehn schon mit einem Bein im Reisfeld.
Wozu Schuhe, wenn's auch barfuß geht?
Und das Erste, was er sprach als König: wenig.

Hans Eichel geht ins Café
und haut auf eine Torte.
Der Kellner kommt und gibt sie ihm.
Es geht auch ohne Worte.

Sparen geht uns alle an.

Hans Eichel ist nichts heilig,
für ihn gibt's nur Lappalien.
Ohne die Alpen
ist man schneller in Italien.

Sparen geht uns alle an.
Auch die Pflastermaler.
Mal die Mona Lisa
schmaler.
Oh Hans, Hans, König Superspar.
Unser Superstar.
Wir hatten mal Kolonien
in Südwestafrika.
Deutsche Elefanten gab es da.
Ja, wo sind die jetzt?
Im Zoo, oder wo?
Der König, der König,
der sagt so wenig.
Und das Zweite, was er sprach als König:

Man kann auf alles pfeifen.
Nur bei der Zärtlichkeit,
da kann man nichts streichen.
Zitat: Mahatma Eichel.

* Eichel, Hans, geb. 1941, 1999–2005 Bundesminister der Finanzen im Kabinett Schröder.

Liebeslieder

Dörte

Sie kam im Schneidersitz zur Welt
ohne Ausdauer und Schnellkraft.
Ich glaub, da sitzt sie immer noch,
im Blinddarm der Gesellschaft.

Sie hieß Dörte Becker,
und so sah sie auch aus.
Sie war ein Bügelbrett,
eine graue Maus.

Sie studierte Germanistik
auf Lehramt in Berlin.
Hat die deutsche Sprache
so etwas verdient?

Wie seh ich aus, gefalle ich dir?
Bitte, bitte, sage mir:
Liebst du mich?, das war die Frage, die sie fragte,
und ich sagte:

Dörte, Dörte,
du bist der Ausweg aus der Spaßgesellschaft,
du bist der Ausweg aus der Spaßgesellschaft.
Wenn ich dich anseh, wenn ich dich anseh, wenn ich dich anseh,
ich schau dich an, und ich weiß, wo lang.

Dörte hat jetzt zugegeben,
sie onaniert auf Andreas Baader*.
Das ist der Rubbelmann
für das Mittelmaßgeschwader.

Dörte, Dörte,
die Heinz Rudolf Kunze* hörte
und mir erklärte:
Der Heinz Rudolf Kunze hat im gesamten deutschsprachigen Raum
einen der schönsten und klügsten Oberlippenbärte.
Dörte, uh, uh, uh, uah,
was du alles hast!
So viel Rattan, so viel Bast.
Wie das alles passt!
Jetzt tu doch nicht so, als hättest du den Parmesan erfunden
und den Mozzarella!
Da waren andre schneller, schneller, schneller!

Wie seh ich aus, gefalle ich dir?
Bitte, bitte, sage mir:
Liebst du mich?, das war die Frage, die sie fragte,
und ich sagte:

Dörte

Labskaus ist ein Fischgericht,
der Koch kennt den Inhalt, der Verbraucher nicht.
Wahre Schönheit kommt von innen,
kann man jederzeit mit beginnen.
Dörte, Dörte,
du bist der Ausweg aus der Spaßgesellschaft,
du bist der Ausweg aus der Spaßgesellschaft.
Wenn ich dich anseh, wenn ich dich anseh, wenn ich dich anseh,
ich schau dich an, und ich weiß, wo lang.
Schalalalalabanga, meine Cessna steht im Hangar.
Ich wünsch mir Ziele ungestörte ohne ...

* Baader, Andreas, 1943-1977, Terrorist.
* Kunze, Heinz Rudolf, geb. 1956, Germanist.

Pia

Pia, Pia, Pia,
du bist dünn wie ein Dia.

Pia, Pia, Pia,
wie ein Abfahrtsskier.

Die Mutti ist schlau und der Vater tüchtig,
Pia hat Pickel und ist magersüchtig.

Pia, Pia, Pia,
es geht mir wie dir.
Schreib alles auf, schreib, warum,
ins Posiealbum.

Will werden so lala lalalalalala leicht.
Will werden so lala lalalalalala leicht.

Ja, wer steht denn da an der Schlemmertheke?
Ja, wer steht denn da an der Schlemmertheke?
Ja, wer steht denn da an der Schlemmertheke, ja, wer steht denn da?
Der Pavarotti!

Pia und Jochen,
Haut und Knochen.

Jochen und Pia,
zwei Scheiben Esspapier.

Wir zwei, wir gehen durch dünn und dünn.
Wo Liebe draufsteht, is auch Liebe drin.
Und zum Beweis, dass ich immer an dich denk:
Zieh den Ehering übers Handgelenk!

Will werden so lala lalalalalala leicht.
Will werden so lala lalalalalala leicht.

Mann ohne Gefühle

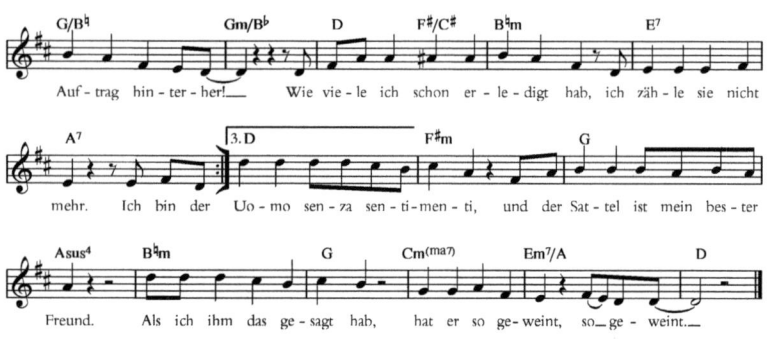

Clint Eastwood war ein Westernheld,
der nicht viel redet, sondern handelt.
Seit er bei mir überm Kopfkissen hängt,
hab ich mich in ihn verwandelt.

Wie ist das genau passiert?
Wie konnte das geschehen?
Was hat mich nur so hart gemacht?
Ich würd's ja gern verstehen.

Früher hab ich mein Herz verschenkt.
Ich dachte, ich verblute.
Jetzt liegt mein Herz in der Prärie.
Mir ist nach gar nichts mehr zumute.

Ich habe mir ein Pferd gekauft
und einen langen Colt.
Ich reite jetzt für mich ganz allein.
Ihr habt es so gewollt.

Reite weiter, kleiner Cowboy,
deinem Auftrag hinterher!
Wie viele ich schon erledigt hab,
ich zähle sie nicht mehr.

Ich bin der Mann ohne Gefühle,
und ich reite auf einem kalten Pferd.
Andere haben so viele,
doch was sind sie wert?

Früher war ich vor Liebe blind.
Die Welt gehört nur uns beiden.
Ich wurde dafür ausgelacht,
und das muss ein Held vermeiden.

Wie oft hab ich dann mein krankes Herz
mit Alkohol betäubt?
Liebeskummer ist so ein Wort,
ich weiß nicht mehr, wie man's schreibt.

Es fliegen so viele Pfeile
durch den wilden Westen.
Wenn du sie einfach ignorierst,
dann geht es dir am besten.

Schau dich nicht um,
schau nicht zur Seite,
reite, Cowboy, reite!
Die Liebe ist ein Schlachtfeld.
Steig nicht vom Pferd herab!

Ich bin der Mann ohne Gefühle,
und ich reite auf einem kalten Pferd.
Andere haben so viele,
doch was sind sie wert?

Isses das Alter, isses die Feigheit,
sind es die verpassten Chancen?
Ich komme mir so bescheuert vor,
sagt Clint Eastwood zu Charles Bronson.

Reite weiter, kleiner Cowboy,
deinem Auftrag hinterher!
Wie viele ich schon erledigt hab,
ich zähle sie nicht mehr.

Ich bin der Mann ohne Gefühle,
und ich reite auf einem kalten Pferd.
Andere haben so viele,
doch was sind sie wert?

Uomo senza sentimenti,
und der Sattel ist mein bester Freund.
Als ich ihm das gesagt hab,
hat er so geweint, so geweint.

Hermann und Dorothea

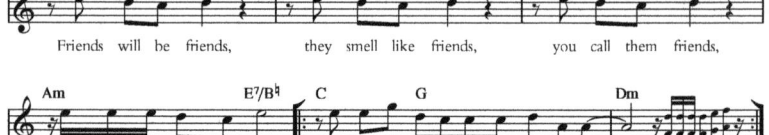

Hermann und Dorothea,
Hermann und Dorothea
machen sich ein Kind zurecht,
und das Kind, das riecht nicht schlecht.
Hermann, das riecht ja wie Nivea.
So ein Sommer macht noch keine Schwalbe.
Eins, eins, eins, eins, das macht acht Halbe.
Und Niveavea riecht so gut.

Hermann und Dorothea,
Hermann und Dorothea.
Hermann, nimm das Kind mit,
sonst nimmt's der Wind mit.
Und Dorothea und Nivea gibt's dann längst nicht mehr.
So ein Sommer macht noch keine Schwalbe.
Eins, eins, eins, eins, das macht acht Halbe.
Und Niveavea riecht so gut.

Friends will be friends,
they smell like friends,
you call them friends,
auch wenn du sie nicht kennst.

Es tut nivea als das erste Mal.
Es tut nivea als das erste Mal.

Er und sie

Er und sie am Frühstückstisch.
Sie schaut ihn an.
Er sie nich.

Die Liebe ging kurz Brötchen holen.
Sie hat sich aus der Tür gestohlen.
Sie kam nicht mehr zurück.
Keiner weiß, wo sie jetzt ist.
Und kriegt auch keinen Schreck.
Was weg ist, ist weg.

Jetzt sitzen sie da
und schauen sich an.
Sie die Frau, er der Mann.
Dann sagte er:
Liebst du mich nicht mehr?
Sie schaut ihn lange an.
Dann sagt sie irgendwann: *pfeifen*

Er und sie.
Man kennt die Melodie.
Man kann sie auch pfeifen,
so bekannt ist die.
Er und sie.
Das isso wie
ein Remis
bei einer Schachpartie
von Kasparow gegen Karpow.
Man kennt sich halt
wie das Holz im Wald.
Man sitzt sich gegenüber.
Zwei ausgestopfte Biber.
Woanders wär man lieber, viel lieber.
Fragt sich nur, fragt sich nur: wo?

Beide denken genau dasselbe:
Was wir hier machen, ist nicht das Gelbe.
Was wir hier machen, das ist doch
wie Schneckensex, nur schlimmer noch.
Das gibt's nicht nur bei Menschen,
das hab ich auch im Garten.
Auf Schneckensex, da kann man lange warten.
Bis die sich mal geeinigt haben:
Mann oder Frau?
Den Schnecken ist's egal,
die nehm's da nicht genau.

Schnecken sind ja Zwitter.
Für die ist das normal.
Beim Menschen isses bitter:
Wer war ich jetzt nochmal?
War ich er oder sie?
Sie oder er?
Ich schau nochmal im Perso.
Ich weiß es echt nicht mehr.
Sie oder er?
Schatz, hörst du mir zu?
Er oder sie?
Ich fühl mich schon wie du.

Man gewöhnt sich ja an vieles.
An Sonne, Mond und Sterne.
An Tag und an Nacht.
Man gewöhnt sich ja ganz gerne.
An Menschen und an Sachen.
An Dinge, die wir machen.
Atme ein, atme aus.
Man kommt da auch schwer raus.
Atme aus, atme ein.
Atme mit dem Mund.

Die Experten sind sich einig:
Atmen ist gesund!
Und der Mund, der lacht.
Das hat der liebe Gott, das hat der liebe Gott,
das hat der liebe Gott, das hat der liebe Gott sich ausgedacht.

Jetzt sitzen sie da
und schauen sich an.
Sie die Frau, er der Mann.
Dann fragte er:
Liebst du mich nicht mehr?
Sie schaut ihn lange an.
Dann sagt sie irgendwann:
Ich muss jetzt zum Friseur.

Er und sie: palimpali.
Er und sie: palimpali.
Tea for two: schubidubidu.
Two for tea: schibidibidi.
Her and him: palimpalim.
Tea for two: schubidubidu.

Single in Berlin

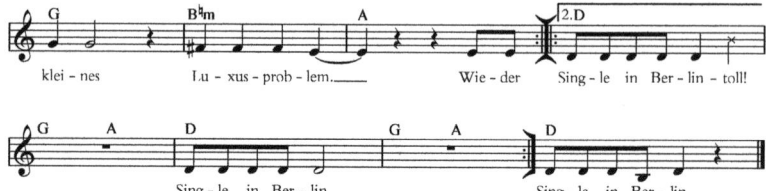

Ich sitze im Bett und rauche Kette.
Sie ist weg.
Ich sitze im Bett und rauche Kette.
Sie ist weg.
Wer hat hier eigentlich wen verlassen?
Sie ist weg.

Hätt ich doch, hätt ich doch, dann wär sie noch da.
Hätt ich doch, hätt ich doch.
Ach, hätte, hätte, hätte,
hätte, hätte, hätte.

Bin wieder Single in Berlin.
Single in Berlin – toll!
Ich laufe durch die Stadt,
und es ist Sommer.
Ich laufe durch die Stadt,
und es ist Sommer.
Ich halt's nicht aus, ich halt's nicht aus,
diese Arschparade.
Alle sind so schön,
alle sehen so glücklich aus.
Alle sind so schön,
alle sehen so glücklich aus.

Ich geh da nicht mehr raus.
Ich geh da nicht mehr raus.
Ich geh da nicht mehr raus.
Ich geh da nicht mehr raus.

Wieder Single in Berlin.
Single in Berlin – toll!
Single in Berlin.
Single in Berlin – toll!

Ich muss mein Leben ändern,
mein Leben ändern.
Ich mach jetzt Bauchmuskeltraining,
Bauchmuskeltraining.
Ich bin ein Fisch, und ich suche ein Fahrrad.
Mein altes Fahrrad ist weg.
Ich bin son schöner Fisch, und ich suche ein Fahrrad.
Mein altes Fahrrad is weg.
n Fisch ohne Fahrrad, das ist doch gar kein Fisch.
n Fisch ohne Fahrrad, das ist doch gar kein Fisch.

Wieder Single in Berlin.
Single in Berlin – toll!
Single in Berlin.
Single in Berlin – toll!

Sex ist total überbewertet.
Sex ist total überbewertet.

Single in Berlin.
Single in Berlin – toll!
Single in Berlin.
Single in Berlin – toll!

Ich mach die Augen zu.
Ich mach eene meene muh.
Ich mach die Augen wieder auf,
und da stehst du
und sagst:
Hoppla, ich bin die Liebe,
hoppla!
Du bist doch gar nicht wahr,
du bist doch Zufall.
Du bist doch gar nicht wahr,
du bist doch Zufall.
Berlin, Berlin,
das ist doch keine Stadt!
Berlin, Berlin,
das ist doch keine Stadt!
Das ist doch Deko!
Alles Deko!
Das ist doch Deko!
Alles Deko!
Tausend geile Muscheln
wackeln durch die Stadt.
Ob irgendeine eine Perle für mich hat?
Der oder die?
Wer mit wem?
Ich und mein kleines Luxusproblem.

Wieder Single in Berlin.
Single in Berlin – toll!
Single in Berlin.
Single in Berlin – toll!

Sex ist total überbewertet.
Sex ist total überbewertet.

Single in Berlin.
Single in Berlin – toll!
Single in Berlin.
Single in Berlin – toll!
Single in Berlin.
Single in Berlin – toll!
Single in Berlin.
Single in Berlin.

Arme Menschen

Bengt

Bengt war ein Kartoffelsack
ohne Rhythmus in der Hüfte.
Seine Haare hingen bis zum Boden,
wenn er morgens seinen Eimer kiffte.
Oh Bengt, Hilfe, Hilfe.
Bengt kam aus schlechtem Haus.
Er wollte nie drüber reden.
Seine Mutter wohnte im Eierlikör.
Sein Vater wieder in Schweden.
Oh Bengt, Hilfe, Hilfe.
Bengt war völlig unbegabt.
Intresse hat er nie gehabt.
Nur eines konnt er gut, ohne sich zu anstrengen:
Headbängen.
Kommt der Bengt raus spieln?,
hab ich die Mutter gefragt.
Wo der Bengt denn bleibt?
Da hat die Mutter gesagt:
Im Leben kriegt man nichts geschenkt.
Bengt is im Keller und bängt.

Bengt bängt.
You shot me down.
Bengt bängt.
You hang around.
Bengt bängt.
That awful sound.
Bengt bängt.
My baby shot Bengt bängt.
You shot me down.
Bengt bängt.
You hang around.
Bengt bängt.
That awful sound.

Bengt bängt.
My baby shot me down.

Bengt hörte Megadeath.
Seine Mutter hörte Milva.
Oh, oh, oh, oh,
Hilfe, Hilfe.
Ein Psychologe fragte
nach dem Grund für die Proteste.
Bengt sagt: Meine Anlage
ist nicht die Beste.
Bengt sprach ein Mädchen an,
es wollte nichts von ihm wissen.
Chancengleichheit gibt es nicht
in solchen Verhältnissen.
Bengt steht am Verstärker
und bängt wie ein Berserker.
Mutti hat sich schön im Likör ertränkt.
Bengt bängt.
Kommt der Bengt raus spieln?,
hab ich die Mutter gefragt.
Wo der Bengt denn bleibt?
Da hat die Mutter gesagt:
Im Leben kriegt man nichts geschenkt.
Bengt is im Keller und hängt.

Bengt bängt.
You shot me down.
Bengt bängt.
You hang around.
Bengt bängt.
That awful sound.
Bengt bängt.
My baby shot Bengt bängt.
You shot me down.

Bengt bängt.
You hang around.
Bengt bängt.
That awful sound.
Bengt bängt.
My baby shot me down.

Bengt is im Himmel
zwischen Haschisch und Death Metal.
Wenn ihr an ihn Fragen habt,
er ist taub, schreibt's aufn Zettel.
In der Wüste steht ein Rufer
vor einem Subwoofer.
Alle wollen wissen, was er denkt.
Bengt bängt.
You shot me down.
Bengt bängt.
You hang around.
Bengt bängt.
That awful sound.
Bengt bängt.
My baby shot me down.

Wortkarger Wolfram

Arme Menschen

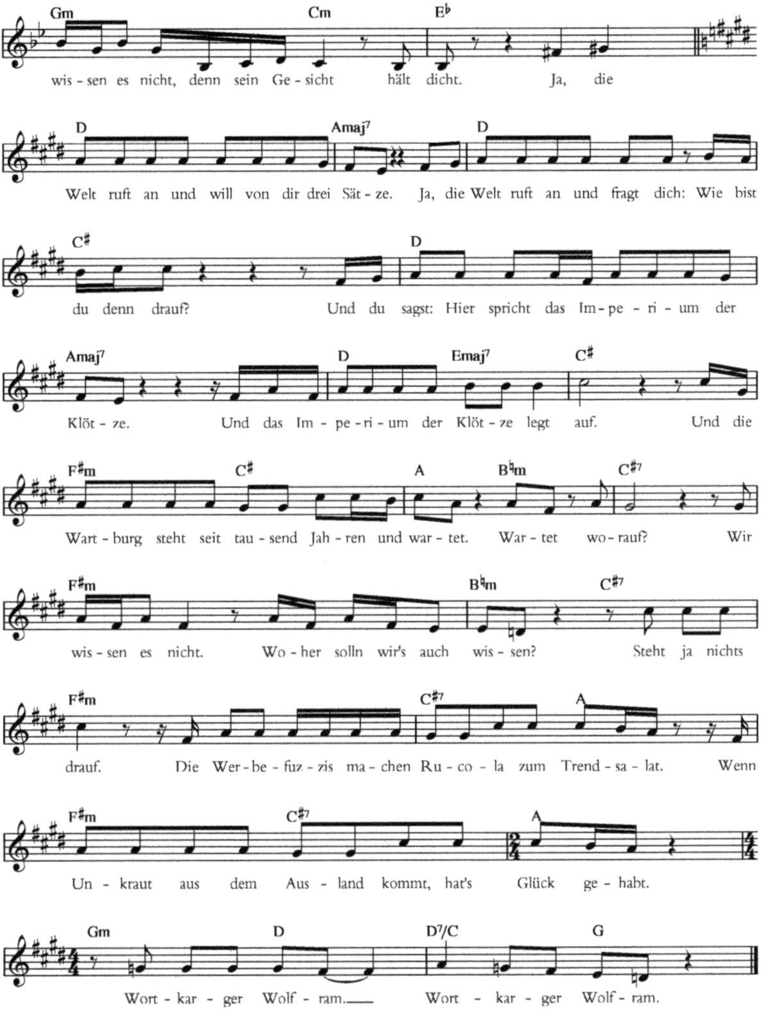
Gm Cm E♭
wis - sen es nicht, denn sein Ge - sicht hält dicht. Ja, die
D Amaj7 D
Welt ruft an und will von dir drei Sät - ze. Ja, die Welt ruft an und fragt dich: Wie bist
C♯ D
du denn drauf? Und du sagst: Hier spricht das Im - pe - ri - um der
Amaj7 D Emaj7 C♯
Klöt - ze. Und das Im - pe - ri - um der Klöt - ze legt auf. Und die
F♯m C♯ A B♮m C♯7
Wart - burg steht seit tau - send Jah - ren und war - tet. War - tet wo - rauf? Wir
F♯m B♮m C♯7
wis - sen es nicht. Wo - her solln wir's auch wis - sen? Steht ja nichts
F♯m C♯7 A
drauf. Die Wer - be - fuz - zis ma - chen Ru - co - la zum Trend - sa - lat. Wenn
F♯m C♯7 A
Un - kraut aus dem Aus - land kommt, hat's Glück ge - habt.
Gm D D7/C G
Wort - kar - ger Wolf - ram. Wort - kar - ger Wolf - ram.

Sein Vater war Rhetoriklehrer.
Seine Mutter laut und immer lustig.
Wortkarger Wolfram. Wortkarger Wolfram.
Sie schenkten ihm 18 Jahre Vollrausch
voller Liebe und Akustik.
Wortkarger Wolfram. Wortkarger Wolfram.
Schweigen schlägt schön aufs Gemüt,
wie man gut an Wolfram sieht.
Wortkarger Wolfram. Wortkarger Wolfram.
Wolfram ist kein Weiberschwarm,
denn sein Gesicht ist ausdrucksarm.
Wortkarger Wolfram. Wortkarger Wolfram.
Ja, was hat er denn?
Warum haut er mit der Faust auf die Kante seines Beistelltischchens?
Wir wissen es nicht.
Woher solln wir's auch wissen?
Wir wissen es nicht,
denn sein Gesicht hält dicht.
Ja, die Welt ruft an und will von dir drei Sätze.
Ja, die Welt ruft an und fragt dich: Wie bist du denn drauf?
Und du sagst:
Hier spricht das Imperium der Klötze. Das Imperium der Klötze.
Und das Imperium der Klötze legt auf.
Und die Wartburg steht seit 1000 Jahren und wartet.
Wartet worauf?
Wir wissen es nicht. Woher solln wir's auch wissen?
Steht ja nichts drauf.
Die Werbefuzzis machen Rucola zum Trendsalat.
Wenn Unkraut aus dem Ausland kommt, hat's Glück gehabt.
Wortkarger Wolfram. Wortkarger Wolfram.

Massenkompatibel

Massenkompatibel

Als ich ein kleiner Junge war,
war ich so oft alleine.
Meine Eltern waren stempeln,
und Freunde hatte ich keine.
Ich saß da im Kinderzimmer
wie ein verlassener Hase.
Ich riss die Fenster auf
und schrie in die leere Straße:
Ich bin massenkompatibel.

Meine erste Freundin
hat sich nach einem Tag von mir getrennt.
Was hatte ich denn falsch gemacht?
Ich hab so viel geflennt.
Ich hatte solchen Kummer.
Mein Herz tat weh wie nie.
Ich ging wieder ans Fenster.
Ich riss es auf und schrie:

Ich bin massenkompatibel, massenkompatibel.

In der Schule sagten sie:
Du bist viel zu still.
Du kriegst ja keinen Satz heraus.
Du weißt nicht, was du willst.
Die Lehrer sagten: Deine Zukunft
ist eine chancenlose.
Ich stand im Pausenhof
mit viel zu kurzer Hose.

Ich will doch für alle sein.
Für alle Leute.
Ich bin das Beste aus den 70ern, 80ern, 90ern.
Ich bin das Beste von heute.

Ich bin massenkompatibel, massenkompatibel.

Ich bin Phil Collins.
Ich bin mit ihm verwandt.
Wir ham denselben Hausarzt.
Ich bin gut mit ihm bekannt.
Wir hören dieselbe Musik.
Wir haben dieselben Gefühle.
Er hat auch ein Bild von mir
über seiner Spüle.

Ich bin massenkompatibel, massenkompatibel.
Massenkompatibel, massenkompatibel.

Ich bin ein schönes Groschenheft.
Jeder hat mich gelesen.
Ich bin ein billiges Kassengestell
für eine Milljarde Chinesen.

Ich bin massenkompatibel, massenkompatibel.
Massenkompatibel, massenkompatibel.

Ich bin ein Liebeslied,
das überall gefällt.
Ich bin ein Reinhold-Beckmann-Schlüsselanhänger*.
Ich duze die ganze Welt.

Ich bin massenkompatibel, massenkompatibel lalalala.
Ich bin massenkompatibel, massenkompatibel lalalala.

Denn wo 2 oder 3 versammelt sind
in meinem Namen,
denn wo 2 oder 3 versammelt sind,
da bin ich mitten unter ihnen.

Dieser Satz von Jesus,
der war mir immer schon, immer schon,
der war mir immer schon popelig erschienen.

Ich bin massenkompatibel, massenkompatibel, lalalala.
Ich bin massenkompatibel, massenkompatibel, lalalala.
Ich bin massenkompatibel, massenkompatibel, massenkompatibel.
Ich bin massenkompatibel, massenkompatibel, massenkompatibel.
Ich bin massenkompatibel.

Und dann kamst du.
Womit hab ich das verdient?
Du warst die Erste,
die mich wollte, wie ich bin.
Du hast gesagt: Was hast du denn?
Du bist doch nicht alleine.
Du hast doch auch nicht mehr
als 2 Arme und 2 Beine.

Ich will doch für alle sein.
Für alle Leute.
Ich bin das Beste aus den 70ern, 80ern, 90ern.
Ich bin das Beste von heute.

Ich bin massenkompatibel, massenkompatibel, lalalala.
Ich bin massenkompatibel, massenkompatibel, lalalala.
Ich bin massenkompatibel.

* Beckmann, Reinhold, geb. 1956, einflussreicher Fußball-
und Gesellschaftsmoderator.

Miriam

Die Pitbulls grinsen still und leise.
Tote Vietnamesen in der Einflugschneise.
Wer die Sehnsucht liebt, der liebt Marzahn*.
Nimm die letzte S-Bahn
und dann fahr, fahr, fahr, fahr, fahr, fahr, fahr, fahr!
Wuppertal hat die Schwebebahnbahn,
Hamburg hat den Wind und den Ozean.
Wir ham die City-Toilette
und im Plattenbau Kaiser's Lebensmittelkette.
Unser Blick issen bisschen trübe.
Zu viel Beton, zu wenig Liebe.

Miriam, du Blume aus Marzahn.
Saßt da in der Ahrensfelder Bahn.
Du hast mir leid getan.
Deine Lippen waren rau wie Plattenbau.

Miriam, du Blume aus Marzahn.
Saßt da in der Ahrensfelder Bahn.
Mit einer Tüte
und einem Sommerkleid.
Du tust mir leid.

Miriam, du Blume aus Marzahn.
Saßt da in der Wartenberger Bahn.
Du hast mir leid getan.
Deine Lippen waren hart wie SprelaCart*.

Miriam, du Blume aus Marzahn.
Saßt da in der Wartenberger Bahn.
Du hast mir leid getan.
Du lebst das lange Los der Frau
im Plattenbau.

* Marzahn, Plattenbaustadtteil im Osten Berlins.
* SprelaCart, Schichtstoffplatten aus Spremberg.

Mittelmäßiger Klaus

Arme Menschen

Meine Freundin ist trocken wie Knäcke.
Es gibt bessere an jeder Ecke.
Warum halte ich es trotzdem mit ihr aus?
Ich heiße Klaus,
und ich seh auch nicht besser aus.

Meine Aura liegt irgendwo da hinten.
Liegenlassen!, wenn Sie sie finden.
Mein Händedruck ist kalter Kaffee Hag.
Und ich seh aus
wie ne Stulle mit Belag.

Ich bin 30 und wohne noch bei Mutti.
Bis sie stirbt, lerne ich kochen.
Gott erschuf die Kühe und das Gras.
Und danach
das Mittelmaß.

Mittelmäßiger Klaus.
Das Steißbein der Stadt.
Gut, dass jede Gemeinde
solche wie mich auf Halde hat.

Wenn meine Freunde kommen, sagen sie nur:
Klaus, du Käse mit Frisur.
Mein Lebenslauf hat bisher keine Schramme.
Ich bin Beamter bei der Stadt, aus der ich stamme.
Na geht doch, man muss nur wissen, wie!
Ich heiße Klaus
und geh nur gebügelt aus dem Haus.

Ich bin der, der eure Partys verbietet.
Der an euch keine Zimmer mehr vermietet.
Hähähähä!
Manchmal hab ich dabei sogar Spaß.

Mittelmäßiger Klaus

Ich heiße Klaus
und bin dafür da, dass ihr mich hasst.

Mittelmäßiger Klaus.
Das Steißbein der Stadt.
Gut, dass jede Gemeinde
solche wie mich auf Halde hat.

Wenn meine Freunde kommen, sage ich nur:
Vincent van Gogh war ein holländischer Maler.
Er schnitt sich ab sein linkes Ohr.
Das kommt bei Künstlern manchmal vor.
Uohuohuohuohuoh.

Wären alle wie van Gogh,
dann hätten wir ein großes Loch
in der Mitte der Gesellschaft.
Dann hätten alle nur ein Ohr.
Dann wären alle im Radio,
und keiner säße mehr davor.

In meiner Freizeit trag ich luftige Textilien
von der Firma mit den grünen Reptilien.
Son schöner Sonntag, der hat doch was für sich.
Hähähähä!
Ich heiße Klaus.
Ich liebe mich.

Mittelmäßiger Klaus.
Das Steißbein der Stadt.
Gut, dass jede Gemeinde
solche Kläuse hat.

Wenn meine Freunde kommen, sagen sie nur:
Ohohoh, Klaus, schau dich an, wie siehst du aus!

Ohahohahohahoh,
Klaus, geh doch einmal aus dir raus!
Uohuohuohuohuoh.
Und ich sage: Tut mir leid.
Ich hab für so was keine Zeit.
Und jetzt sag ich euch noch was:
Ich hab da nie etwas verpasst.
Ich heiße Klaus, hört mir zu:
Ich weiß genau, was ich hier tu.

Mittelmäßiger Klaus.
Das Steißbein der Stadt.
Gut, dass jede Gemeinde
solche Kläuse hat.

Wenn meine Freunde kommen, sage ich nur:
Ich heiße Klaus.
Ich komme so gut mit mir aus.

Manfred

176 *Arme Menschen*

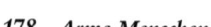

In jedem Haufen, in jedem Verein
gibt es immer einen, der da steht:
Manfred.
Seine Herkunft steht ihm sicherlich
massiv und matschig im Gesicht:
Mittelschicht.
Manfred wurde ungelogen
nach folgendem Prinzip erzogen:
ausgewogen.
Manfred träumt von Obi und dem Ikeaschrank.
Dann schnarchelt er wie ein Zimmerspringbrunnen
in der Dresdner Bank.
Manfreds kleine Freundin ist lieb und n bissel picklig.
Er steckt in ihr wie der Strohhalm in der Cola.
Ich bin wunschlos glücklich.

Ich wusste nicht, dass Regale so wichtig sind.
Ich denke nur bis zur nächsten Ampelphase.
Alles, was ich haben will, kann ich mir kaufen.
Warum sind die Leute trotzdem so unausgeglichen?

Manni, die Sterne stehn am Himmel, und du siehst sie nicht.
Sie sind dir einfach alle zu weit weg da.
Alles, was du jemals wolltest, hast du ja schon.
Wie lebt sich's so in der BRD? Wie lebt sich's so in der BRD?
Wünsche, die in Erfüllung gehn.
Autos, die an der Ecke stehn.
Danke schön, danke schön, danke schön, danke schön,
danke schön, danke schön, danke schön, danke schön.
Was hab ich da gestaunt.
Manni makes the world go round.

Menschen sind so impulsiv,
lieben, hassen abgrundtief.
Manni: relativ.

Eine Frau hat ihn mal angebrüllt.
Wie hat er zurückgekrischen?
n bischen.
Der Mittelweg ist golden, der Durchschnitt ist gesund.
Schnapp nie nach der Wurst, wenn sie zu hoch hängt,
das weiß doch jeder Hund.
Himalaya und Tiefsee sind beide so konkret.
Aber die deutschen Mittelgebirge sind so was von Manfred.

Da steht diese Generation an der Schlemmertheke.
Tut immer so und dreht den Joghurt dreimal um.
Alles, was ich haben will, kann ich mir kaufen.
Warum sind die Leute trotzdem so unausgeglichen?

Manni, die Sterne stehn am Himmel, und du siehst sie nicht.
Sie sind dir einfach alle zu weit weg da.
Alles, was du jemals wolltest, hast du ja schon.
Wie lebt sich's so in der BRD? Wie lebt sich's so in der BRD?
Wünsche, die in Erfüllung gehn.
Autos, die an der Ecke stehn.
Danke schön, danke schön, danke schön, danke schön,
danke schön, danke schön, danke schön, danke schön.
Was hab ich da gestaunt.
Manni makes the world go round.

Faust

Wenn der Bürgerfisch brav liegt im Bett mit seiner Bürgerfischfrau.
Wenn der Sohnemann verschimmelt auf dem Küchentisch draußen.
Der Tag fand statt, und das Wetter fand statt.
Das Essen haben sich die meisten besser vorgestellt, aber die Zeit war zu knapp.
Dann liegt das letzte Bier, wie jedes letzte Bier, beruhigt im Magen drin.
Nur ein Rollstuhl rollt versessen auf dem Innenstadtring.
In der Straße steht die Pubertät und kann sich nicht entscheiden.
Mädel, gibt es mehr als das, gibt es mehr als uns beide?
Jaja, das Eis macht der braune Italiener.
Jaja, hohe Schuhe sind gut für dein Abitur und die Zeit danach.
Für jede verlorene Stunde hacke ich mir einen Finger ab.

Für jede verlorene Woche hacke ich mir eine Hand ab.
Menschen, Menschen, Menschen, die wollen immer alles auf einmal.
Gleich mit dem Schädel durch die Tapete.
Oh Margarete, das alles gibt kein klares Bild, was gäb ich dafür.
Tschuldigung, tschuldigung, ich hab nur eine Hose.
Was kann denn ich dafür, die Tagesschau macht in mir Osmose.

Peter Maffay hat den Osten betrogen.*
Weltmusik ist erlogen.
Aus einem Hund wird keine Hyäne.
Und er ist und bleibt ein Leberfleckrumäne.

Auf der Saale schwimmt ein Rollstuhl, ganz obenauf.
Der Besitzer muss ertrunken sein, sonst säße er noch drauf.
Rollstuhl, rollender Rollstuhl, on a sunny day.
When you roll around, oh, I just feel that way.
Do you want me?

Mädel, Mädel, sächsisches Kind.
Sag mir, ob alle so sind.
So treu, so schmal, so blind
für meine inneren Werte?
Mädel, mach dein Täschchen auf, zeig mir dein Haus.
Mädel, küss mich, lach mich nicht aus.
Mädel, Mädel, halt meine Hand.
Ich schlaf an der Heizung und starre an die Wand.

---

* Maffay, Peter, geb. 1949, Rockinterpret rumänischer Herkunft, brachte 1998 das Album »Begegnungen« heraus, auf dem Maffay mit Künstlern aus allen Kontinenten musizierte, auch mit Aborigines.

Schnurren

Say good-bye to the Nil

Schnurren

Wenn Ägypten nicht mehr wär,
liegt Kenia gleich am Mittelmeer.
Und vom langen Nil
bleibt dann auch nicht mehr so viel.

Say good-bye to the Nil.
Say good-bye to the rivers.
Oh, I shiver when I say:
rivers fade away.

Lass den Picknickkorb im Wagen, heut ist Ramadan.
Sag, Hänsel, findest du nach Haus,
oder geht dir das Paniermehl aus?
Fehlt der Henkel an dem Henkelmanne,
sagt man dazu Thermoskanne.

Say good-bye to the Nil.
Say good-bye to the rivers.
Oh, I shiver when I say:
rivers fade away.

Drei Hymnen

Apachenjunge Lukas

Als er kam auf die Welt, da sag-ten al-le: Howgh! Hau den Lu-kas! So blieb er klein sein gan-zes Le-ben lang. Wenn er wach-sen woll-te,— sag-ten al-le:— Uff! Im-mer druff auf den Lu-kas! Das war Lu-kas, der A-pa-chen-gnom. Put, put, put, das war der Li-li, Li-li, Li-li der Prä-rie. Schnitz dir ei-nen Sul-ky und spann an! Ma-ni-tu sei mit dir auf der Trab-renn-bahn! Lu-cky Lu-kas,— ein Punkt in der Prä-rie.

Als er kam auf die Welt, da sagten alle: Howgh!
Hau den Lukas!
So blieb er klein sein ganzes Leben lang.
Wenn er wachsen wollte, sagten alle: Uff!
Immer druff
auf den Lukas!
Das war Lukas, der Apachengnom.
Put, put, put, das war der Lili, Lili, Lili der Prärie.
Schnitz dir einen Sulky und spann an!
Manitu sei mit dir auf der Trabrennbahn!
Lucky Lukas, ein Punkt in der Prärie.

Popel Peter

Ich reiß mir einen Popel raus
und schnips ihn über Bord.
Die Wellen sagen danke schön
und tragen ihn weit fort.

Peter Peter Popel
schwimmt über den großen Pfuhl.
Bis nach Konstantinopel,
das liegt bei Istanbul.

Peter Popel von Konstantinopel
mit dem heiligen Popelschein.
Der schmeckt besser als der Sattel
von Miguel Indurain*.

Habt ihr euch schön vermehrt?
Schenkt weg, was euch gehört!
Werft eure besten Früchte
In die Weltgeschichte!

Popel Popel Peter,
ich trau dir keinen Meter.
Träume nicht vom Morgenland
in meiner Nasenscheidewand!

---

* Indurain, Miguel, geb. 1964, spanischer Radrennfahrer, gewann fünfmal die Tour de France.
Zeigte vor allem am Berg großes Leistungsvermögen.

Nomade Klaus

mit Schmackes

Der No-ma-de Klaus saß an ei-nem Pflock. Ne-ben dem Pflock saß ein Zie-gen-bock. Ra-tet mal, von wem der stammt, wer hat den Pflock da rein-ge-rammt? Das war ich! Ja, scha-de, scha-de, Herr No-ma-de, scha-de, scha-de, Klaus! Die Welt zieht wei-ter, und du sitzt zu Haus. Jetzt kannst du nur an dei-nem Pflock ver-gam-meln o-der von hin-ten in den Bock rein-ram-meln. Ja, Klaus, Klaus, Klaus, was lernst du nun da-raus? Das Le-ben ist kein Wunsch-kon-zert. Das war es nie.

Der Nomade Klaus saß an einem Pflock.
Neben dem Pflock saß ein Ziegenbock.
Ratet mal, von wem der stammt,
wer hat den Pflock da reingerammt?
Das war ich!

Ja, schade, schade, Herr Nomade,
schade, schade, Klaus!
Die Welt zieht weiter, und du sitzt zu Haus.
Jetzt kannst du nur an deinem Pflock vergammeln
oder von hinten in den Bock reinrammeln.

Ja, Klaus, Klaus, Klaus,
was lernst du nun daraus?
Das Leben ist kein Wunschkonzert.
Das war es nie.

Eberhard und Emma

Wir hatten Sex, wir hatten Freizeit und sogar Gespräche.
Das war das Jahr von Eberhard und Emma.
Das Einzige, was fehlte, war der Glamour.

Die Queen

Tut mir leid, tut mir leid,
ich hab keine Zeit.
Tut mir leid, tut mir wirklich leid.
Ich hab noch n Termin bei der Queen.
Doch die Queen hat zur selben Zeit
auch n Termin.
Die Queen und ich, wir treffen uns nich.

40-jährige Frauen

40-jährige Frauen.
40-jährige Frauen.
40-jährige Frauen.
Ein Blick in den Spiegel ist ja immer auch eine soziale Frage.

Modephilosoph

Bonjour, ich komm aus Frankreich,
ich bin Modephilosoph,
alle andern, die sind doof,
ich bin der Modephilosoph!

Annaberg-Buchholz

Dann lieber Annaberg-Buchholz.
Ich stell mich einfach da zwei Stunden an die Straße,
und dann weiß ich:
Depressionen müssen gar nicht teuer sein.

Wir sagen tak

Wir sagen tak! Wir sagen kak!
Wir sind in Polen. Mann, sind die arm hier!
Deutschland hat neun Nachbarländer,
Polen ist nur eins.
Aber Island, das arme Island hat keins.

Die Loreley

Blond am Hang,
und die Schiffer ziehn vorbei.
Das ist die Macht der Loreley.

Die Wellen rauschen

Atlantik

Der Atlantik will kein' Beifall
für die Gala, die ich sah.
Keinen Scheck mit dickem Edding,
keinen langen roten Teppich.
Er ist einfach da.

Der Atlantik hat kein Auto,
keinen kleinen Chihuahua.
Er hat keine Außensicht,
die braucht er nicht.
Er ist einfach da.

0087061 ist die Vorwahl des Atlantiks.
Ruf ruhig an und dann frag erst mal, wer dran ist.
And then tell me, what you see!
And then tell me, who you are!
And then tell me, what you want to be!
Are you English, are you German,
are you Japanese, are you Burman,
are you Philippine, are you French?
Der Atlantik ist kein Mensch.

Jajaja Blau, Blau, Blau ist die Farbe des Atlantiks,
das blauste Blau von allen Blaus.
Ich möchte so gerne auf der Bühne sterben,
der Atlantik will keinen Applaus.
Der Atlantik will keinen Applaus.

Der Atlantik macht kein' Urlaub.
Und er will auch keinen beantragen.
Er findet so schwer Vertretung.
Wenn ich jetzt den Pazifik frage,
wer vertritt den dann?
Deshalb bleibt er da.

Und ich starre auf die Suppe.
Warum hab ich kein Besteck?
Wenn ich etwas nicht verstehe,
hatt ich immer schon Respekt.

008 70 61 ist die Vorwahl des Atlantiks.
Ruf ruhig an und dann frag erst mal, wer dran ist.
And then tell me, what you see!
And then tell me, who you are!
And then tell me, what you want to be!
Are you English, are you German,
are you Japanese, are you Burman,
are you Philippine, are you French?
Der Atlantik ist kein Mensch.

Ja, ja, ja, Blau, Blau, Blau ist die Farbe des Atlantiks,
das blauste Blau von allen Blaus.
Ich möchte so gerne auf der Bühne sterben,
der Atlantik will keinen Applaus.
Der Atlantik will keinen Applaus.

Arbeitslos in Grönland

206 *Die Wellen rauschen*

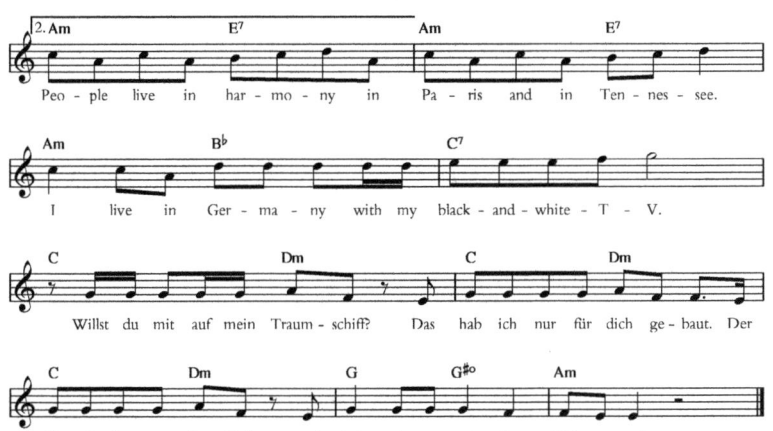

Das Leben ist so fad.
Gleich springt der Tiger durchs Plakat.
Die Mädels haben immer längere Beine.
Ich bin kein Mädel, und ich habe keine
langen Beine.

Arbeitslos in Grönland, das muss schrecklich sein.
Das viele Eis, und die ganze Zeit allein.
Willst du mit auf mein Traumschiff?
Das hab ich nur für dich gebaut.
Der Kapitän kann Englisch
und hat eine weiße Mütze auf.

Das Leben ist so fad. Die Schnecken raspeln im Salat.
Die Hunde wollen immer buntere Leinen.
Ich bin kein Hund, und ich muss gleich weinen,
muss gleich weinen.

Arbeitslos in Grönland

Arbeitslos in Grönland, das muss schrecklich sein.
Das viele Eis, und die ganze Zeit allein.
Willst du mit auf mein Traumschiff?
Das hab ich nur für dich gebaut.
Der Kapitän kann Englisch
und hat eine weiße Mütze auf.

People live in harmony
in Paris and in Tennessee.
I live in Germany
with my blackandwhiteTV.

Willst du mit auf mein Traumschiff?
Das hab ich nur für dich gebaut.
Der Kapitän kann Englisch
und hat eine weiße Mütze auf.

Leg dich in die Badewanne

Wenn du denkst, du denkst nur das, was andre denken,
und was du machst, hat schon ein anderer gemacht,
wenn du denkst, heut ist wie gestern und morgen ist wie heute,
und auch das hat mit Sicherheit schon ein anderer gedacht,
bei Tchibo gibt es jede Woche eine neue Welt,
wenn das stimmt, dann hätte ich mir die doch sicher schon bestellt,
wenn du denkst, du wirst nur fetter, aber einfach nicht schlau,
und deine besten Gedanken intressieren keine Sau,
wenn du denkst, die ganze Welt könnte doch jetzt untergehn,
warum geht sie denn nicht unter, du bist es doch schon längst …

Ein Schiff wird kommen.
La Paloma, ohe.
Seemannsbraut ist die See.
Und halt die Füße still.
Ein Schiff wird kommen.
Aye aye, Matrosen, ohe.
Aye aye, wir fahren zur See.
Ob wir uns wiedersehn?

Wenn du denkst, du hast kein Glück, das ham nur andre,
du suchst seit Jahren den perfekten Augenblick,
wenn du nicht weißt, warum du aufstehen sollst, obwohl die Sonne blendet,
täglich grüßt das Murmeltier, und du grüßt noch schön zurück,

Leg dich in die Badewanne

wenn du denkst, die Karriere hat dich einfach übersehn,
sie hatte ja nichts gegen dich, es ist bloß so geschehn,
wenn du denkst, das bisschen kann's doch jetzt nicht schon gewesen sein,
da muss doch noch was kommen, doch dir fällt nichts Tolles ein,
wenn du denkst, die ganze Welt könnte doch jetzt untergehn,
warum geht sie denn nicht unter, du bist es doch schon längst,

dann leg dich in die Badewanne,
wenn sonst schon nichts geschieht!
Du hast nun mal kein eigenes,
dann sing halt dieses Lied:
Lalalala, lalalalalala, lalalalalala, lalalalalala.
Lalalala, lalalalalala, lalalalalala, lalalalalaa!

Ein Schiff wird kommen.
La Paloma, ohe.
Seemannsbraut ist die See.
Und halt die Füße still.
Ein Schiff wird kommen.
Aye aye, Matrosen, ohe.
Aye aye, wir fahren zur See.
Ob wir uns wiedersehn?

Unterm Firmament

Planeten

Planeten sind gewaltig.
Planeten strahlen weit.
Planeten sind allmächtig.
Planeten haben viel Zeit.

Planeten sind einsam.
Planeten sind scheu.
Planeten treiben ziellos umher.
Planeten sind so, Planeten sind so,
Planeten sind so unintressant.

1000 Jahre Walfang sind genug, sind genug.
1000 Jahre Tiefgang, ja danke, es reicht.
1000 Jahre Traumdeutung, ja danke, es reicht.

Und doch schau ich gern zu ihnen auf.
Ich schaue so gern zu den Planeten auf.
Ich schaue so gern zu ihnen auf.

Planeten wissen nicht, wie sie heißen.
Wenn sie's wüssten, was hätten sie davon?
Planeten sind eher unauffällig.
Denken, ich geh schon mal, vielleicht merkt's ja keiner.
Planeten zeigen überhaupt keine Leistungsbereitschaft.
Denken: Wer halb anständig aussieht, kriegt seine Umschulung in den Arsch geschoben.

Planeten sind einsam.
Planeten sind scheu.
Planeten treiben ziellos umher.
Planeten sind so, Planeten sind so,
Planeten sind so unintressant.

1000 Jahre Hochsprung sind genug, sind genug.
1000 Jahre Lebertran, ja danke, es reicht.
1000 Jahre Fortschritt sind genug, genug.

Alles, was man tut, ist gut

Jeder Mensch ist gern im Verein.
Jeder Mensch ist gern alleine.
Jeder Mensch is irgendwie gerne.
Zeigt mit dem Finger vom Balkon in die Sterne.

Ich hab heut zwei Schritte vor die Tür getan.
Ich hab heut geatmet, das war abgefahrn.
Einmal kurz an Gott gedacht,
aber der hat wie immer nix gemacht.
Alles, was man tut, ist gut.
Ich hab zu viel Wasser im Blut.
Und die Luft ist auch nicht mehr heilig.
Alles, was man tut, ist gut.

In diesen Mercedes passen alle deine Wünsche.
Er fährt mit dir, wohin du willst.
Am Steuer sitzt ein Mensch deines Vertrauens.
Lass dich in die Polster fallen und sei still!

Ich hab heut lange in die Luft geguckt.
Den Wolken oben hinterhergespuckt.
Einmal kurz an Gott gedacht,
aber der ...

Alles, was man tut, ist gut.
Ich hab zu viel Wasser im Blut.
Und die Luft ist auch nicht mehr heilig.
Alles, was man tut, ist gut.

Schön, wenn die Kutsche von alleine fährt.
Ich bin doch an für sich was wert.
Schön, wenn man dafür auch noch Preisgeld kricht.
Ein Glas Milch für mein Milchgesicht.
Alles, was man tut, ist gut.

Alle, was man tut, ist gut.
Ich hab zu viel Wasser im Blut.
Und die Luft ist auch nicht mehr heilig.
Alles, was man tut, ist gut.

Brausemobil

Die Blü-me-lein, sie schla-fen schon längst im Mon-den-schein. Lass sie schla-fen, lass sie schla-fen und pack dei-ne Sa-chen ein. Die Vö-ge-lein, sie san-gen so süß im Son-nen-schein. Dass sie sin-gen, dass sie sin-gen wird mor-gen auch so sein. Ich sa-ge noch mal vie-len Dank und mach den De-ckel auf den Tank. Brau-se, brau-se, klei-ner Wa-gen, brau-se, brau-se durch die Nacht! Wie-der mal ei-nen gan-zen Tag um die E-cke ge-bracht. Ich schau-e hoch in die Ster-ne, wie man das halt so macht. Bin nur ein Pups auf dem Pla-ne-ten, hab ich ge-ra-de ge-dacht. Tick-tick-tick-tick-e-tick-e-tick-tick-tick. Tick-tick-tick-tick-e-tick-e-tick-tick-tick. Ich und mein klei-nes

Die Blümelein, sie schlafen schon längst im Mondenschein.
Lass sie schlafen, lass sie schlafen und pack deine Sachen ein.
Die Vögelein, sie sangen so süß im Sonnenschein.
Dass sie singen, dass sie singen, wird morgen auch so sein.

Ich sage noch mal vielen Dank
und mach den Deckel auf den Tank.
Brause, brause, kleiner Wagen,
brause, brause durch die Nacht!
Wieder mal einen ganzen Tag
um die Ecke gebracht.
Ich schaue hoch in die Sterne,
wie man das halt so macht.
Bin nur ein Pups auf dem Planeten,
hab ich gerade gedacht.

Tickticktickticketicketickticktick.
Tickticktickticketicketickticktick.
Ich und mein kleines Brausemobil, mein Brausemobil,
wir brauchen nicht viel.
Tickticktickticketicketickticktick.
Tickticktickticketicketickticktick.

Brause, brause, kleiner Wagen,
brause, brause durch die Nacht!
Wieder mal einen ganzen Tag
in die Binsen gemacht.
Es gibt so vieles, was ich hasse.
Es gibt so vieles, was ich mag.
Morgen ist, ich geh mal schwer davon aus,
auch noch ein Tag, auch noch ein

Tickticktickticketicketickticktick.
Tickticktickticketicketickticktick.
Ich und mein kleines Brausemobil, mein Brausemobil,
wir brauchen nicht viel.
Tickticktickticketicketickticktick.
Tickticktickticketicketickticktick.

Und die Zeit ist mein Begleiter.
Die will leider immer weiter.
Die sagt immer nur: Wo bleibst du denn so lang?
Wenn du nicht fährst, fahr ich halt.

Tickticktickticketicketickticktick.
Tickticktickticketicketickticktick.
Ich und mein kleines Brausemobil, mein Brausemobil,
wir brauchen nicht viel.
Tickticktickticketicketickticktick.
Tickticktickticketicketickticktick.

Ich schaue hoch in die Sterne,
wie man das halt so macht.
Und wenn ich mal nicht mehr da bin:
Ich hab hier gerne pups gemacht.

Tickticktickticketicketickticktick.
Tickticktickticketicketickticktick.
Ich und mein kleines Brausemobil, mein Brausemobil,
wir brauchen nicht viel.
Tickticktickticketicketickticktick.
Tickticktickticketicketickticktick.
Tickticktickticketicktickticktick.

Weihnachtslied

Weihnachten in Pforzheim

Weihnachten in Pforzheim.

Dieses Lied ist so oft zu wiederholen, bis man einschläft.

Lieder vor dem Ende

Die Fete

Die Fete ist zu Ende.
War wieder mal sehr schön.
Morgens um vier heißen alle Helene.
Zeit zu gehn.

Am Anfang war es klemmig.
Dann warn wir gut drauf.
Der Anlass für die Fete war die Fete.
Wer räumt das wieder auf?

Melanie liegt im Krautsalat,
Torsten liegt im Faber.
Das sieht ja aus hier
wie Pearl Harbour.

Bernd kommt leergekotzt vom Klo
und sagt: Die Deutschen sind doch gar nicht so steif.
Ich könnt jetzt wieder essen.
Spiel noch mal I will survive!

Fete, geile Fete.
Ich zünd noch eine Rakete.
Fete, geile Fete.
Was haben wir gelacht.
So feiert das Alte Europa
und sagt: Gute Nacht.

Wenn BWLer tanzen,
wie soll man das nennen?
Man muss nicht nur feiern wollen,
man muss es auch können.

Und dann dieser Typ da,
die George-Clooney-Kopie.
Sagt zu mir, dass body seine language is,
und ging weg mit Stefanie.

Holger ist nicht mehr ansprechbar,
Holger will einfach nur breit sein.
Er sieht aus wie die Freizeitgesellschaft
nach zu viel Freizeit.

Dörte kam mit einer Weißweinschorle
und sagt: Wie du dich benimmst!
Du kannst wohl nur mit Alkohol fröhlich sein.
Ich sagte ihr: Stimmt.

Fete, geile Fete.
Ich zünd noch eine Rakete.
Fete, geile Fete.
Was haben wir gelacht.
Das is ja hier wie am Zuckerhut.
Na dann, Gute Nacht.

Susanne hat bestimmt sehr viel
über ihr Leben nachgedacht.
Man versucht immer, alles richtig zu machen,
und hat alles falsch gemacht.

Ich trink noch einen Averna
auf Johannes B. Kerner*.
Freizeit, und was man draus machen kann,
das ist ein langes Thema.

Fete, geile Fete.
Ich fall gleich in die Tapete.
Fete, geile Fete.
Was haben wir gelacht.
So feiert das Alte Europa
und sagt: Gute Nacht.

So feiert das Alte Europa
und sagt: Gute Nacht.
So feiert das Alte Europa
und sagt: Gute Nacht.

---

* Kerner, Johannes Baptist, geb. 1964, einflussreicher Fußball- und Gesellschaftsmoderator.

Blaues Blut

Mein Mon - da - min ist al - le. Die Kü - che sieht so trau - rig aus. Drei schö - ne Kut - schen stehn bei mir im Hin - ter - hof. Kommt denn Herr Roth - schild bald nach Haus? Zwei Pfund Am - pfer für die Hengs - te. Drei - ßig Bi - beln ma - chen fromm. Mei - ne Ka - no - nen sind ge - wiss zum Böl - lern schön, falls Herr Roth - schild heut noch kommt. Blau - es Blut, Herr Roth - schild kommt nach Haus, und der Knecht macht schon im Stall die Not - be - leuch - tung aus. Es wird spät, bei der La - dy brennt noch Licht. Und wenn der Schin - der - han - nes sagt: Ich komm heut Nacht vor - bei, dann kommt er si - cher - lich nicht. Wünsch dir Nou - gat, wünsch dir Nach - barn. Der Sohn von Zor - ro bringt sie mit. Der To - re - ro küsst den

Mein Mondamin ist alle.
Die Küche sieht so traurig aus.
Drei schöne Kutschen stehn bei mir im Hinterhof.
Kommt denn Herr Rothschild bald nach Haus?
Zwei Pfund Ampfer für die Hengste.
Dreißig Bibeln machen fromm.
Meine Kanonen sind gewiss zum Böllern schön,
falls Herr Rothschild heut noch kommt.

Blaues Blut,
Herr Rothschild kommt nach Haus,
und der Knecht macht schon im Stall
die Notbeleuchtung aus.
Es wird spät,

bei der Lady brennt noch Licht.
Und wenn der Schinderhannes* sagt:
Ich komm heut Nacht vorbei,
dann kommt er sicherlich nicht.

Wünsch dir Nougat, wünsch dir Nachbarn.
Der Sohn von Zorro bringt sie mit.
Der Torero küsst den Stier im Eiskanal,
und sie reiten nach Madrid.
Magellan, Magellan, mein Fährmann,
setz mich über nach Kaliningrad.
Wo die Silbermöwe schreit,
ist das Wasser oft nicht weit.
Kommt jetzt das Adagio?
Komm, Teekanne, zieh deinen Beutel aus!
Kurz hinter Koblenz liegt erschlafft ein Zeppelin.
Wer will jetzt noch hoch hinaus?

Blaues Blut,
Herr Rothschild kommt nach Haus,
und der Knecht macht schon im Stall
die Notbeleuchtung aus.
Es wird spät,
bei der Lady brennt noch Licht.
Und wenn der Schinderhannes* sagt:
Ich komm heut Nacht vorbei,
dann kommt er sicherlich nicht.

---

* Schinderhannes, 1777 oder 1778 oder 1779 bis 1803, Räuberhauptmann.

Es ist gut

Ich wollt noch so viel machen.
Jetzt ist der Tag schon aus.
So viele wichtige Sachen.
Heut nicht, ich bleib zu Haus.

Hab drei Bestseller geschrieben
und vier Staudämme gebaut.
So viel Käse gerieben,
so viele Ohren abgekaut.

Meine Jets sind nur so rumgejettet
von hier über München nach Mailand.
Und ich hab wieder nicht die Welt gerettet,
dann macht's halt ein anderer.
Es ist gut, es ist gut,
es ist gleich vorbei.
Kein Tamtam und kein Heiopei.
Es ist gut, ich zähle Schafe,
bis ich endlich schlafe.
Wann kommt der Sandmann mit dem Sand
und fährt mein Boot an die Wand?

Und der Ätna ist erloschen.
Die Fritteusen auf Stand-by.
Und im fernen Baikonur
ham die Raketen heute frei.

Und die Hölle macht jetzt heia
im Mund des Menschenhais.
Nur ein nimmermüder Hammerwerfer
dreht sich noch im Kreis.

Meine Jets sind nur so rumgejettet
von hier über München nach Mailand.
Und ich hab wieder nicht die Welt gerettet,
dann macht's halt ein anderer.

Es ist gut, es ist gut,
es ist gleich vorbei.
Kein Tamtam und kein Heiopei.
Es ist gut, ich zähle Schafe,
bis ich endlich schlafe.
Wann kommt der Sandmann mit dem Sand
und fährt mein Boot an die Wand?

Inhalt

Zum Geleit 7

Fahrtenlied
   ICE 10

Heimatlieder
   Brandenburg 16
   Thüringen 21
   Doreen aus Mecklenburg 25
   Heimat 31
   Meine kleine Stadt 34

Generation Gelee
   Familie Gold 40
   80er Jahre 46
   Dreißigjährige Pärchen 51
   www.gelee.de 59
   Beckenbauer 64

Arbeit und Soziales
   Verkehr 68
   Ich-AG 74
   Castingallee 83
   Münzen und Scheine 90
   Akademikerinnen 95
   Unterschiede 99
   Theater 104
   Guido Knopp 109
   Hans Eichel 113

Liebeslieder
   Dörte 118
   Pia 123
   Mann ohne Gefühle 126
   Hermann und Dorothea 131
   Er und sie 133
   Single in Berlin 141

Arme Menschen
   Bengt 150
   Wortkarger Wolfram 156

   Massenkompatibel 159
   Miriam 166
   Mittelmäßiger Klaus 169
   Manfred 176
   Faust 181

Schnurren
   Say good-bye to the Nil 186
   Drei Hymnen
      Apachenjunge Lukas 188
      Popel Peter 190
      Nomade Klaus 192
   Eberhard und Emma 194
   Die Queen 195
   40-jährige Frauen 196
   Modephilosoph 197
   Annaberg-Buchholz 198
   Wir sagen tak 199
   Die Loreley 200

Die Wellen rauschen
   Atlantik 202
   Arbeitslos in Grönland 206
   Leg dich in die Badewanne 209

Unterm Firmament
   Planeten 214
   Alles, was man tut, ist gut 217
   Brausemobil 220

Weihnachtslied
   Weihnachten in Pforzheim 226

Lieder vor dem Ende
   Die Fete 228
   Blaues Blut 233
   Es ist gut 236

Programme von Rainald Grebe
   und Quellennachweise 240

Programme von Rainald Grebe und Quellennachweise

Das Abschiedskonzert

© Text und Musik: Rainald Grebe
CD erschienen bei WortArt

Theater, Thüringen, Wortkarger Wolfram, www.gelee.de, Heimat, 8oer Jahre, Familie Gold, Meine kleine Stadt, Hans Eichel, Dörte, Arbeitslos in Grönland, Faust, Pia, Miriam, Hermann und Dorothea, Manfred, Atlantik, Planeten, Blaues Blut, Drei Hymnen (Apachenjunge Lukas, Popel Peter, Nomade Klaus), Alles, was man tut, ist gut, Say good-bye to the Nil, Es ist gut.

Rainald Grebe & Die Kapelle der Versöhnung

© Text: Rainald Grebe
© Musik: Rainald Grebe, Martin Bauer, Marcus Baumgart
CD erschienen bei WortArt

ICE, Beckenbauer, Guido Knopp, Unterschiede, Mann ohne Gefühle, Mittelmäßiger Klaus, Ich-AG, Eberhard und Emma, Er und sie, Leg dich in die Badewanne, Brandenburg, Es ist gut, Die Fete, Die Queen, Die Loreley.

Volksmusik

© Text: Rainald Grebe
© Musik: Rainald Grebe, Martin Bauer, Marcus Baumgart
CD erscheint voraussichtlich im Frühjahr 2007

Verkehrslied, Wir sagen tak, Modephilosoph, Annaberg-Buchholz, Dreißigjährige Pärchen, Akademikerinnen, Doreen aus Mecklenburg, Münzen und Scheine, Castingallee, Massenkompatibel, Single in Berlin, Brausemobil.